■ *Uwe Lang*, geboren 1943 in Augsburg, studierte Theologie und Pädagogik, ab 1970 auch das Börsengeschehen. Seit 1988 gibt er die »Börsensignale« heraus, einen der erfolgreichsten deutschsprachigen Börsenbriefe, und ist Autor mehrerer Bücher und Artikel zum Thema. Bei Campus erschienen von ihm unter anderem *Der neue Aktienberater. Kritische Empfehlungen für Anfänger und Fortgeschrittene* und *Die gefährlichsten Börsenfallen – und wie man sie umgeht.*

Uwe Lang

Börsenwissen kurz und bündig

**Die 150 häufigsten Fragen –
und 150 geldwerte Antworten**

Campus Verlag
Frankfurt/New York

Bibliografische Information der Deutschen Nationalbibliothek:
Die Deutsche Nationalbibliothek verzeichnet diese Publikation in der
Deutschen Nationalbibliografie. Detaillierte bibliografische Daten
sind im Internet über http://dnb.d-nb.de abrufbar.
■ ISBN 978-3-593-38811-3

3., aktualisierte und überarbeitete Auflage 2009

Umschlaggestaltung: R. M. E, Roland Eschlbeck und Rosemarie Kreuzer
Umschlagmotiv: Getty-Images
Satz: Fotosatz L. Huhn, Linsengericht
Druck und Bindung: Druck Partner Rübelmann, Hemsbach
Gedruckt auf säurefreiem und chlorfrei gebleichtem Papier.
Printed in Germany

Besuchen Sie uns im Internet: www.campus.de

Inhalt

Vorwort

Fast fünf Jahre lang, von März 2003 bis Dezember 2007, konnten sich Anleger Jahr für Jahr über gleichsam automatische Wertzuwächse in ihren Depots freuen. Zwar kam es immer wieder zu kleineren Korrekturen, aber doch nie zu nennenswerten Rückschlägen. Viele Anleger fragten sich bereits, ob sich Verkäufe von Aktien überhaupt jemals lohnten, wenn diese später vermutlich ohnehin nur teurer zurückgekauft werden müssten.

Diese Ausnahmejahre an den internationalen Aktien sind jetzt Geschichte. Das haben die Kursstürze Anfang 2008 unübersehbar gelehrt. Künftig wird es wieder darauf ankommen, zum richtigen Zeitpunkt zu kaufen und zu verkaufen. Und es wird auch viele Verlierer geben.

Ob jemand zu den Gewinnern oder zu den Verlierern an den Börsen zählt, hängt meiner Meinung nach nur in begrenztem Umfang von seinen Grundkenntnissen und den Methoden ab, die er zur Aktienanalyse einsetzt. Das nötige Wissen ist schnell erworben; etwa mit Hilfe dieses Buches, das mit zahlreichen Beispielen aus der Praxis der letzten Jahre und Jahrzehnte aufwartet.

Börsenerfahrung ist aber mehr als nur technisches Wissen. Sie umfasst auch die Fähigkeit, mit den eigenen Gefühlen und Ängsten, die einem immer wieder Streiche spielen, richtig umzugehen. Auch hierzu soll dieses Buch einen Beitrag leisten. Unerfahrene wiegen sich in Sicherheit, wo es brandgefährlich ist, und sehen andererseits dort Gefahren, wo keine sind. Es gilt, Selbstdisziplin zu erlernen und gleichzeitig gegen Selbsttäuschung sowie Beeinflussung von außen immun zu werden. Obwohl diese Fähigkeiten überwiegend in der Anlagepraxis erlernt werden müssen, erhält der Leser hier einige unterstützende Hinweise und erfährt, worauf er achten muss.

Das Buch ist so angelegt, dass es sich nicht mit langen theoretischen Abhandlungen aufhält, sondern sofort in die Praxis hineinführt. Es ist im Frage- und Antwortstil aufgebaut und setzt keine Lektüre der jeweils vorhergehenden Abschnitte voraus, so dass der Leser sofort das Thema aufschlagen kann, das ihn besonders interessiert. Querverweise, ein Schlagwortregister sowie gelegentliche Überschneidungen und Wiederholungen einzelner Themen sollen zur Vertiefung des Gelesenen beitragen. Ausgewählte Graphiken erschließen markante Börsenereignisse auf leicht verständliche Weise.

Nicht nur der Privatanleger, der seine ersten erfreulichen oder auch negativen Erfahrungen bereits hinter sich hat, soll mit diesem Buch Anregungen erhalten, sondern auch der Börsenprofi, dem die ausgewählten Beispiele und Hinweise bei Kundengesprächen oder der Durchführung von Seminaren eine wertvolle Hilfe sein mögen. Er wird aus seiner eigenen Erfahrung vieles des hier Aufgezeigten bestätigen und durch eigene Beispiele ergänzen können.

Besonders zu Dank verpflichtet bin ich Frau Dr. Ute Gräber-Seißinger und Herrn Dipl. -Volkswirt Jan W. Haas, die mir wichtige Hinweise, Tipps und Verbesserungsvorschläge zur Gestaltung dieses Buchs liefern konnten.

Augsburg, im Januar 2009   *Uwe Lang*

Teil I

Vermögensanlage:
Grundbegriffe und Strategien

1.

Ist es möglich, sich durch Börsengeschäfte ein stetiges und verlässliches Zusatzeinkommen zu verschaffen?

Nein. Die Börse entwickelt sich dazu zu wenig geradlinig. Kurzfristig kann ich mit meiner Geldanlage schief liegen und langfristig doch noch Recht behalten. Ich kann möglicherweise monatelang gar keine Gewinne erzielen und plötzlich in zwei Monaten mehr verdienen als in den zwei Jahren zuvor.

Weil ich mich auf diese Gewinne aber nicht verlassen kann, muss ich immer beachten, dass nur solches Geld in Aktien oder ähnliche Risikopapiere fließen darf, das nicht für eine baldige Verwendung vorgesehen ist. Was ich in ein paar Monaten brauche, darf nicht in die Börse fließen. Erst recht darf ich für meine Zukunftsplanung nicht mit möglichen Börsengewinnen rechnen. Die fallen einem zu, aber man kann sie nicht erzwingen. Wer zu viel wagt, weil er meint, unbedingt Geld an der Börse »machen« zu müssen, verliert auf die Dauer.

2.

Welche Anlageform hat in den vergangenen Jahren die höchste Rendite erzielt: Aktien, Anleihen, Gold, Immobilien oder Kapitallebensversicherungen?

Einer über einhundert Jahre reichenden Statistik zufolge, die dieser Tage wiederholt zitiert wird, waren Aktien langfristig die Anlageform mit der durchschnittlich höchsten Rendite. Aber dies allein ist nicht maßgebend. Eine Anlage muss für *die jeweils kommenden Jahre* aussichtsreich sein. Hierbei spielt der Zeitpunkt des Kaufs eine wichtige Rolle. Aktien bieten im Durchschnitt eine wesentlich niedrigere Ausschüttung als Anleihen. Allerdings rechnet der Anleger bei Aktien weniger mit hohen Dividenden (so nennt man hier die ausbezahlten Gewinnbeteiligungen) als vielmehr mit *Kursgewinnen,* also einer Höherbewertung seines Unternehmens. Dabei kommt es aber darauf an, günstig zu kaufen und im richtigen Moment wieder zu verkaufen.

Immobilien und Gold haben in Zeiten starker Preissteigerungen jeweils überdurchschnittlich zulegen können. Als die Inflationsraten in den neunziger Jahren stark zurückgingen, verloren diese Anlagen viel von ihrer früheren Beliebtheit. Bei Immobilien kommt es freilich auch sehr darauf an, wie stark der Staat solche Anlagen steuerlich fördert.

Bei den Anleihen war entscheidend, zu welchen Zinssätzen man eingestiegen war. Wer im Jahre 1980 US-Anleihen mit einer Laufzeit von dreißig Jahren und einer Rendite von damals jährlich 13 Prozent kaufte, kommt bis zum Jahre 2010 in den Genuss jährlicher Zinsen in einer Höhe, die heute undenkbar wäre.

Kapitallebensversicherungen garantieren nur eine schwache Rendite. Die zusätzlichen Erträge werden von den meisten Versicherungen nicht in angemessener Höhe an den Versicherten ausbezahlt, sondern verbleiben im Unternehmen. Die Gewinne der Lebensversicherungsgesellschaften schwollen dadurch in den vergangenen Jahrzehnten kräftig an. Der Anleger wäre in den meisten Fällen nachweislich besser gefahren, wenn er seine Spargroschen selbst in Aktien oder Anleihen gesteckt hätte, anstatt sie in eine Versicherung einzuzahlen. Wären Lebensversicherungen nicht übermäßig steuerlich gefördert worden, hätten sie mit einer Direktanlage in Aktien oder Anleihen niemals konkurrieren können.

3.

Was versteht man unter einem »Rentenpapier« oder dem »Rentenmarkt«?

Ich spreche lieber von einer »Anleihe« und dem »Anleihe-markt«, weil dann deutlicher wird, worum es bei dieser Anlageform geht. Wenn ich beispielsweise zum Preis von zehntausend D-Mark oder Euro eine »Bundesanleihe« kaufe, dann bin ich ein »Gläubiger« und der Staat ist mein »Schuldner«. Er ist verpflichtet, mir bis zum Ende der Laufzeit der Bundesanleihe einen festen Zins zu zahlen, der in Prozent ausgedrückt wird. Am Ende der Laufzeit erhalte ich dann auch mein Geld zurück.

Weil ich einen festen Zins bekomme, bezeichnet man eine solche Anleihe auch als »festverzinsliches Wertpapier«. Früher sagte man oft auch »Rentenpapier« dazu, weil die jährliche Zinsausschüttung als eine zusätzliche »Rente« angesehen werden kann.

Eine Anleihe wird während ihrer gesamten Laufzeit an der Börse gehandelt, kann also auch täglich wieder verkauft werden. Ich muss somit auch als Käufer nicht warten, bis der Staat wieder Geld benötigt und Anleihen verkauft, sondern kann mir jederzeit eine beliebige laufende Anleihe kaufen, auch von anderen Schuldnern wie Banken, Industrieunternehmen oder anderen Staaten, in eigener Währung oder in Fremdwährung. Der Börsenhandel von Anleihen ist sogar umfangreicher als der von Aktien. Man nennt diesen Markt entweder »Anleihe-markt« oder »Rentenmarkt«.

4.

Welche Argumente gibt es für den Kauf von Anleihen anstelle von Aktien, nachdem Aktien doch größere Kursgewinne versprechen?

Es kann verschiedene Gründe geben, Anleihen zu bevorzugen. Zunächst einmal könnten die Aktienmärkte gefährdet sein, weil die Kurse – wie etwa im Winter 1999/2000 – zu schnell gestiegen sind oder aufgrund höherer Zinsen eine Aktienbaisse droht.

Anleihebesitzer sollten jedoch darauf achten, bei steigenden Zinsen nur sogenannte »Kurzläufer« zu halten. Das sind Papiere mit einer Restlaufzeit von ein bis drei Jahren. Sonst ist das Kursrisiko zu groß.

Aber auch aus Sicherheitsgründen sind Anleihen gegenüber Aktien eine gute Alternative, weil sie Kursschwankungen weniger stark unterworfen sind. Daher gelten sie als die traditionelle »mündelsichere Anlage«, die man auch zur Sicherung der Zukunft seiner Kinder einsetzen sollte. Zwar werden Anleihen wie Aktien an der Börse gehandelt, aber ihre Schwankungen sind unerheblich, sofern man die Absicht hat, die Anleihen bis zum Ende der Laufzeit zu halten. Der Anleger bekommt jährlich eine Zinsausschüttung in der vereinbarten Höhe, bei Laufzeitende wird der gesamte Betrag fällig, und täglich ist während der Laufzeit der Verkauf zum Kurswert an der Börse möglich.

5.

Warum schwanken im Allgemeinen die Aktienkurse an der Börse stärker als die Anleihekurse?

Bei erstklassigen Anleihen, die beispielsweise vom Bund ausgegeben werden, ist davon auszugehen, dass sie zum Laufzeitende in voller Höhe zurückbezahlt werden. Dies ist sehr beruhigend und vermindert das Risiko des Anlegers, das sich somit auf den Umfang der Geldentwertung in den nächsten Jahren beschränkt. Wenn man zum Beispiel mit einhundert Euro in einigen Jahren nicht mehr Waren oder Dienstleistungen im heutigen Umfang erwerben kann, dann erhält man zwar am Laufzeitende sein Geld zurück, aber es ist eben nicht mehr so viel wert wie zum Zeitpunkt des Kaufs. Als Ausgleich genießt man freilich den jährlichen Zins auf sein eingesetztes Kapital.

Der Aktienkäufer riskiert mehr. Da eine Aktie einen Anteilschein an einem Unternehmen darstellt, ist ein Totalverlust möglich, wenn dieses in Konkurs geht. Bereits nach Gewinneinbrüchen vermindert sich der Kurs einer Aktie sehr stark, weil ja niemand weiß, ob sich die schlechtere Geschäftslage in der Zukunft nicht möglicherweise fortsetzen wird.

6.

Gibt es eine »Goldene Regel« für die Gesamtvermögensanlage?

Für die Aufteilung von Anlagevermögen gab es früher eine Faustregel: ein Drittel eine Immobilie, ein Drittel Anleihen, das restliche Drittel in Aktien.

Abbildung 1: Vermögensaufteilung (bei Immobilienbesitz)

Aufteilung nach kräftigem Aktienanstieg

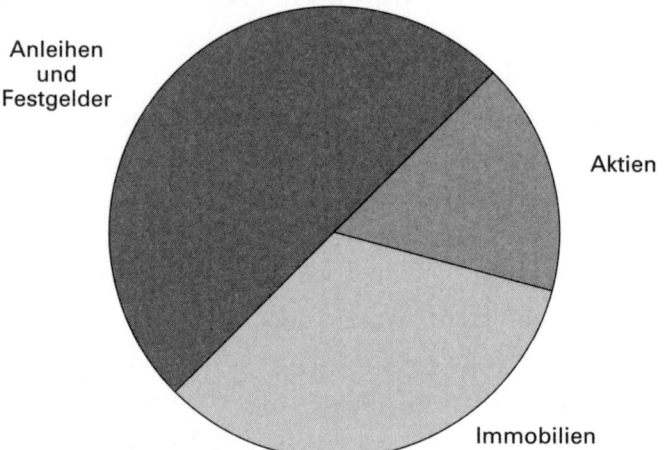

Aufteilung nach kräftigem Kursverfall bei Aktien

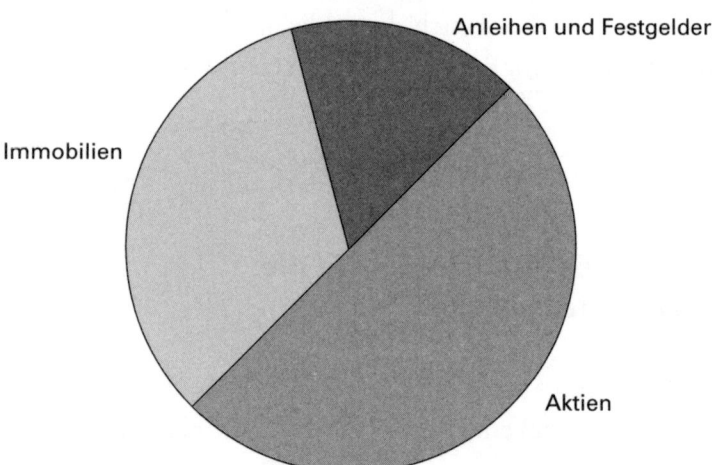

Aber diese Aufteilung gilt nicht uneingeschränkt für jedermann. Sie ist abhängig vom Umfang des Vermögens, von zu erwartenden Vermögenszuwächsen (etwa aufgrund einer Erbschaft), von der Höhe und Sicherheit des Einkommens sowie von der persönlichen Risikobereitschaft.

Die Höhe des Aktienanteils sollte davon abhängen, ob die Kurse zur Anlage besonders günstig erscheinen, etwa nach einer überstandenen Baisse, oder ob die internationalen Aktienbörsen bereits auf Kursgewinne von 40 Prozent und mehr in den letzten zwölf bis zwanzig Monaten zurückblicken können. In diesem Falle sollte der Aktienanteil stark reduziert werden.

Abbildung 1 zeigt, wie ein vorsichtiger Anleger, der auch über Immobilienbesitz verfügt, sein Vermögen aufteilen könnte. Nach kräftig gestiegenen Aktienkursen und ersten Warnzeichen (→ siehe Nr. 34–38, 76, 138–140) hält er seinen Aktienanteil klein. Nach einer Baisse und entsprechenden Kaufsignalen vergrößert er ihn wieder.

Früher war es auch üblich, einen Teil seines Vermögens in Gold anzulegen, wenn man der Geldpolitik seines Staates nicht traute. In diesem Jahrhundert hat es in Deutschland ja schon zwei Währungsreformen gegeben. Sparbücher und festverzinsliche Wertpapiere (Anleihen) wurden wertlos, während Gold damals wie Immobilien ein inflationsbeständiger Sachwert blieb. Mit der weltweiten konsequenten Inflationsbekämpfung seit Beginn der achtziger Jahre wurde jedoch deutlich, dass auch Immobilien und Gold im Preis stark fallen können. Neuerdings erlebte Gold als Anlage wieder einen gewaltigen Aufschwung, weil die Anleger der ungehemmten Geldmengenerweiterung durch die Bush-Regierung und US-Zentralbank misstrauten.

→ *Zum Thema Gold siehe auch Nr. 14–17 und 70.*

7.

Wenn man mit festverzinslichen Wertpapieren eine höhere Rendite anstrebt, kommen dann auch Fremdwährungsanleihen oder Papiere aus sogenannten »Schwellenländern« in Betracht?

Ich würde keine derartigen Spekulationsversuche unternehmen. Warum auch? Wer Anleihen kauft, sollte kein Risiko eingehen, sonst kann er gleich Aktien kaufen. Bedenken Sie dabei Folgendes: Wenn Sie mit Standardaktien einmal Kursverluste erleiden, sehen Sie Ihren Einsatz wahrscheinlich spätestens in zwei bis drei Jahren wieder. Wenn Sie aber mit Fremdwährungen oder in Euro-Anleihen mit zahlungsunfähigen Partnern eine Pleite erleben, dann ist Ihr Geld für immer fort.

Das heißt: Nehmen Sie kein Währungsrisiko auf sich, akzeptieren Sie auch keinen Schuldner als Partner, der möglicherweise Zins und Tilgung nicht bedienen kann. Bevorzugen Sie vielmehr Inlandsanleihen, zum Beispiel die breit gehandelten Papiere des Bundes.

8.

Kann man davon ausgehen, dass sich der Wert eines Aktiendepots bei guter Risikostreuung etwa alle zehn Jahre verdoppelt?

Zahlreiche Prospekte, die von den Anlageabteilungen der Banken herausgegeben werden, raten dazu, Kursschwankungen zu ignorieren und stattdessen immer nur gleichmäßige Beträge in Aktien oder im hauseigenen Aktienfonds anzulegen. Das über-

Abbildung 2: Die Entwicklung des Dow Jones-Index von 1960 bis 1974

zeugt manchen Kleinanleger. Es habe sich doch gezeigt, meinte ein Diskussionsredner zu einem meiner Vorträge in den vergangenen Jahren, dass sich das eingesetzte Kapital ohnehin im Schnitt alle zehn Jahre mindestens verdopple. Wozu solle sich da jemand die Mühe machen, vor einer erwarteten Baisse auszusteigen, wenn es ohnehin bald wieder aufwärts gehe?

Als ich erwiderte, es habe in der Vergangenheit durchaus Zeiten wie etwa 1961 bis 1982 gegeben, als die Kurse stagnierten und Aktienanleger, die ihre Aktien behielten, angesichts der in den siebziger Jahren herrschenden Inflation real viel Geld verloren, erhielt ich die Antwort: »Das glaube ich nicht!«

Zur Information: Der amerikanische Dow Jones-Index, der die dreißig wichtigsten US-Aktien repräsentiert, lag am 29. Dezember 1961 bei 731 Punkten. Am 6. August 1982 notierte er 784 Punkte (vgl. die Abbildungen 2 und 4). Und in diesen zwanzig Jahren lag die jährliche Inflationsrate zwischen fünf und zehn Prozent!

Noch schlimmer erging es im selben Zeitraum einem Daueranleger in deutschen Aktien: Der Commerzbank-Index, der einhundert deutsche Aktien repräsentiert und vor der Ein-

Abbildung 3: Die Entwicklung des deutschen Commerzbank-Index von 1970 bis 1979

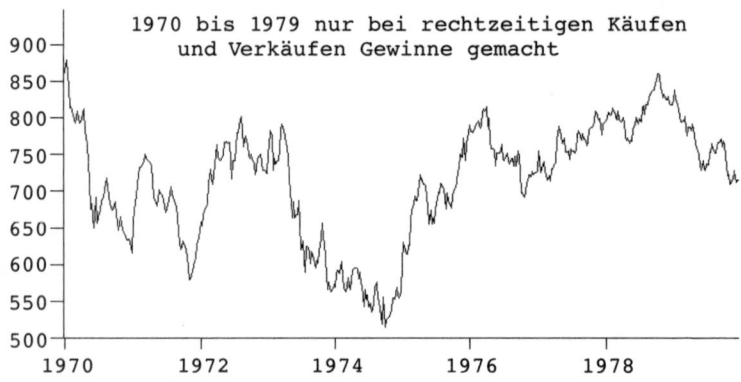

Abbildung 4: Die Entwicklung des Dow Jones-Index von 1974 bis August 1982

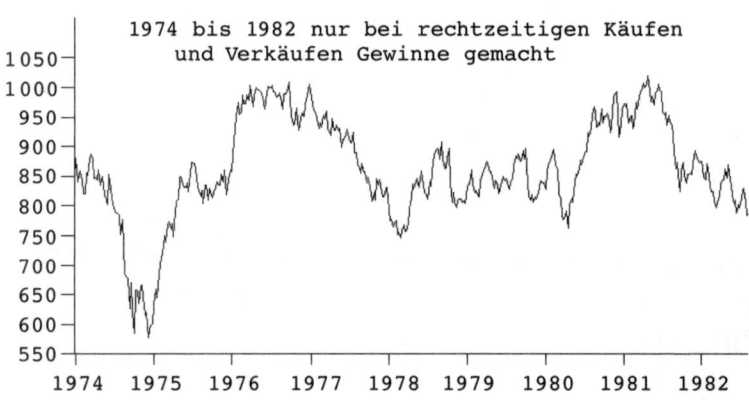

führung des »DAX« am 31.12.1987 der meistzitierte deutsche Aktienindex war, notierte am 29. Dezember 1961 bei 807 Punkten, am 6. August 1982 gar bei nur 678 Punkten (für 1970 bis 1979 siehe Abbildung 3).

→ *Siehe auch Nr. 9.*

9.

Beweisen nicht einschlägige Statistiken, dass es wegen der langfristigen Kurssteigerungen fast gleichgültig ist, ob ein Anleger zu Jahreshöchst- oder Jahrestiefkursen kauft?

Anfang 1996 erschien eine Aufsehen erregende Studie von Barry Bateman, einem Mitarbeiter der Fondsgesellschaft Fidelity. Er führte aus, dass es für einen Anleger, der innerhalb der vorhergehenden vierzig Jahre einen jährlich gleichbleibenden Betrag in US-Aktien investiert hatte, fast gleichgültig gewesen wäre, ob er jedesmal mit viel Pech zum Jahreshöchststand oder mit viel Glück zum Jahrestiefststand gekauft hätte. In ersterem Fall hätte die jährliche Durchschnittsrendite in dem genannten Zeitraum 10,5 Prozent betragen, in letzterem Fall 11,7 Prozent.

Bateman schloss daraus, dass es keinen großen Sinn mache, Kursschwankungen zu berücksichtigen, sondern man vielmehr einfach stetig zukaufen solle, wenn man Geld freihabe (so wie sich die Fondsgesellschaften den idealen Anleger wünschen).

Diese zunächst verblüffend erscheinende Rechnung stimmt allerdings nur unter folgenden Voraussetzungen:

a) Der Rückblick erfolgt von einem neuen Höchststand aus, der frühere Indexstände als winzig erscheinen lässt. (Der Dow Jones kam erst seit 1983 deutlich über die Marke 1 000 hinaus.) Eine ähnliche Rechnung mit dem japanischen Nikkei-Index, der 1989 bei fast 40 000 Punkten stand, sich danach binnen zwei Jahren mehr als halbierte und auch 2008 erst bei 13 000 Punkten war, sähe schon anders aus.

b) Er setzt einen Anleger voraus, der immer nur brav hinzukauft, aber nie mit seinem gesamten Anlagekapital ein- und aussteigt, wenn die Kauf- oder Verkaufsignale ertönen.

Hierbei kommt es nämlich sehr wohl auf den richtigen Zeitpunkt an, denn die prozentualen Schwankungen waren früher ebenso groß wie heute.

Richtig ist daher: Auch *verkaufen* ist wichtig, sobald die Signale zum Aussteigen klingeln!

→ *Siehe auch Nr. 8.*

10.

Ist die Anlage in einem »Aktienfonds« nicht einfacher, als den Aktienmarkt ständig selbst beobachten zu müssen?

»Ich werde mich von der direkten Anlage in Aktien verabschieden, wegen Schonung meiner Nerven.«

So schrieb mir im September 1998 ein Leser, den offenbar die Kursstürze vom August 1998 kalt erwischt hatten. Das Überraschende an seinem Schreiben war jedoch der Zusatz: »In Zukunft werde ich in Fonds anlegen.«

Der Briefschreiber war sich wohl nicht im Klaren darüber, dass Fonds ebenfalls an der Börse tätig sind. Steigt er in einen sogenannten »Rentenfonds« ein, dann hätte er sich auch gleich selbst mit Bundesanleihen eindecken können. Denn wer in Anleihen investiert, hat seine Gründe, die Risiken, die etwa mit Aktienkäufen verbunden sind, zu meiden. Dann sollten es auch nur ganz sichere, erstklassige Papiere in der eigenen Währung sein. Aber dazu benötigt man keinen Rentenfonds.

Legt er aber sein Geld in einem Aktienfonds an, dann tut er ja letztlich wiederum das, was er künftig unterlassen wollte: Er legt sein Geld in Aktien an, jedoch sehr breit gestreut. Vielleicht kostet es ihn weniger Nerven, wenn er nicht so genau weiß, welche Aktien in dem Fonds enthalten sind?

Oder meint er, die erfahrenen Fondsmanager würden schon rechtzeitig verkaufen, wenn die Zeit zum Aussteigen gekommen ist? Das muss er auch dann selbst tun; ein Fonds darf aus gesetzlichen Gründen den Großteil seiner Aktien gar nicht verkaufen. Hoffentlich unterrichtet ihn die Fondsgesellschaft über den hohen Ausgabeaufschlag, die jährlichen Spesen und Prämien für das Management, die er zahlen muss, und darüber, dass sie im Fall einer erwarteten Baisse ihren Aktienanteil nur vermindern, aber niemals ganz aussteigen kann. Er als Privatanleger könnte es. Oder hat er sich überreden lassen, in einen Dachfonds (Fonds von Fonds) einzusteigen? Hoffentlich hat ihn seine Bank informiert, dass er hier doppelte Spesen zahlt: für den Dachfonds und jeden einzelnen Fonds, der darin enthalten ist.

→ *Siehe auch Nr. 130.*

11.

Wurden nicht mit Aktienfondsanteilen in den letzten Jahren immer gute Gewinne erzielt, solange man nur die Anteile behielt und bei leichten Kursrückgängen sogar zukaufte?

Dafür spricht zunächst einiges: Wer in den vergangenen 58 Jahren seit Ende 1949 durchgehend in einen Korb von Aktien, dessen Zusammensetzung dem amerikanischen S&P 500-Index entspricht, investiert hätte, hätte jährlich *im Schnitt* genau 8 Prozent hinzugewonnen, sofern er auch noch die Dividenden jeweils reinvestiert hätte.

Die neunziger Jahre und die Jahre 2003 bis 2007 waren Ausnahmejahre. Es handelte sich jeweils um eine Jahrhundert-Hausse. Das haben diejenigen Anleger immer noch nicht begriffen, die trotz der scharfen Korrekturen 2001 und 2008 weiterhin mit jährlichen Kurszuwächsen von 10 bis 20 Prozent rechnen.

Es gab auch andere Zeiten. Wer Ende 1997 mit der Aktienanlage begann und ausgerechnet mit US-Aktien sein Glück versuchte, hätte in Euro gerechnet bis 2008 so gut wie nichts hinzugewonnen. Den begeistert dann auch keine langjährige Statistik!

12.

Wer sich als Fondsmanager an der Börse auskennt, müsste doch leicht jährliche Renditen von 20 Prozent und mehr erzielen können?

Kleinanleger überschätzen meist die Möglichkeiten, an der Börse hohe Gewinne zu erzielen. Fachleuten etwa trauen sie häufig zu, die großen Börsentrends mühelos vorherzusehen und entsprechend zu nutzen.

Leider ist dies ein Irrtum. Das erweist sich nicht nur anhand der Tatsache, dass die überwiegende Mehrzahl der Fonds schlechter abschneidet, als mit dem Kauf ausgewählter Aktien nach dem Zufallsprinzip möglich gewesen wäre. Auch die meisten Analyseabteilungen der Banken schätzen die zukünftigen Entwicklungen an den Börsen Jahr für Jahr falsch ein, wie das *Handelsblatt* mittels jährlicher Prognose-Umfragen immer wieder nachweist.

Auch persönlich verspekulieren sich Geldmanager recht oft.

Viele US-Topmanager hatten sich mit ihren Privatgeldern an sogenannten »Hedge-Fonds« beteiligt, die im August und September 1998 mit gewagten Termingeschäften Riesenverluste einfuhren. Am LTCM-Fonds, der nur durch eine konzertierte Aktion großer Geldhäuser aus aller Welt zahlungsfähig blieb, waren nach einem Bericht der *Süddeutschen Zeitung* vom 8.10.1998 Manager von Merrill Lynch, Bear Stearns und Paine Webber beteiligt. Hiernach hatten mehr als einhundert Führungskräfte des weltgrößten Brokerhauses Merrill Lynch am Jahresanfang 1998 insgesamt über zwanzig Millionen Dollar bei LTCM angelegt. Fast der gesamte Betrag ging verloren, obwohl zu den Betreuern des Fonds auch zwei Wirtschafts-Nobelpreisträger zählten.

Im Jahre 2008 wäre um ein Haar das fünftgrößte US-Brokerhaus Bear Stearns in Konkurs gegangen, weil es sich mit US-Hypothekenanleihen verspekuliert hatte. Schließlich wurde es durch die US-Zentralbank und durch die Übernahme von J. P. Morgan gerettet. Aber das zeigt, wie sich selbst eine Summe von hochspezialisierten Fachleuten verschätzen kann!

Die Schlussfolgerung: Fachwissen allein hilft nicht. Äußerste Disziplin und eine gründliche Analyse der Fehlerquellen, die im psychologischen Bereich liegen, sind noch wesentlich wichtiger.

Dabei fährt der Kleinanleger mit seinem gesunden Menschenverstand oft besser als diejenigen, die angeblich die Zukunft an der Börse so gut vorhersehen können.

→ *Siehe auch Nr. 130.*

13.

Gibt es eine Alternative zu Fonds, wenn man nicht auf bestimmte Aktien, sondern auf den breiten Markt setzen will?

Sogenannte *Indexzertifikate* (auch Index-Partizipationsscheine genannt) erfreuen sich wachsender Beliebtheit bei Kleinanlegern, die einfach »ein ganzes Land« kaufen möchten, ohne negative Überraschungen bei einzelnen Unternehmen befürchten zu müssen. Ich persönlich vertrete zwar die Auffassung, dass man mit Hilfe der *relativen Stärke* Aktien auswählen kann, die besser als ein Landesindex abschneiden müssten. Aber ich verstehe, wenn sich Anleger aus Risikogründen bei manchen Ländern darauf beschränken wollen, den Index zu kaufen.

Einige Banken haben sich auf solche Indexzertifikate spezialisiert, um damit den deutschen DAX, den Schweizer SMI, den amerikanischen S&P oder andere exakt nachzubilden. (Lieber wäre es den meisten Banken freilich, die Kunden kauften nicht Indexzertifikate, sondern Fonds; da wird an den Spesen mehr verdient, während die Zertifikate ähnlich wie Aktien abgerechnet werden.) Die Laufzeit ist zwar formal begrenzt, aber man kann damit rechnen, dass die Banken vor Ende der Laufzeit einen spesenfreien Umtausch in ein neues Zertifikat ermöglichen.

Man kauft die Zertifikate übrigens am besten, wenn möglich, direkt über seine Bank, das heißt ohne den Umweg über die Börse, weil man dann gleich beim Kauf den Kurs erfährt und »ja« oder »nein« sagen kann. So entsteht kein Problem mit engen Märkten.

14.

Wie hat sich der Goldpreis im Vergleich zu den Kursen am Aktienmarkt entwickelt?

Gold gilt als »Krisenmetall«. Kurzfristig hat es sich in der Vergangenheit tatsächlich in politischen Krisen, zum Beispiel bei internationalen Konfrontationen, als Schutz bewährt.

Abbildung 5: Die Entwicklung des Goldpreises ($/Feinunze) von 1968 bis 1979

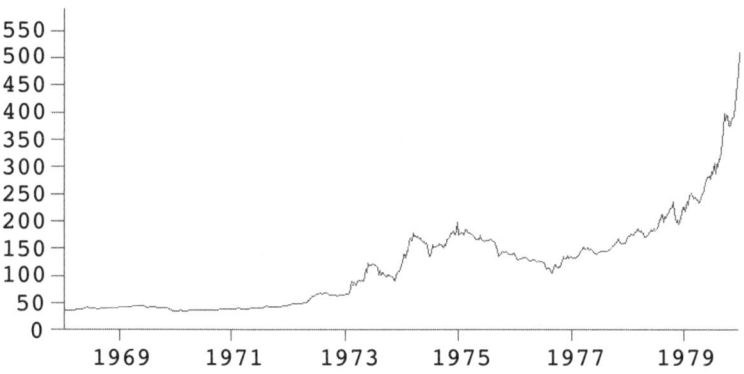

Die wichtigere Funktion des Goldes war jedoch der Schutz vor der schleichenden Geldentwertung in den siebziger Jahren (vgl. Abbildungen 5 und 6).

Vor 1968 war der Goldpreis an Währungen gebunden und konnte daher gar nicht »frei« reagieren. Immerhin war Gold sowohl während der Hyperinflation des Jahres 1923 als auch in der deflationären Phase von 1929 bis 1933 eine sichere Krisenwährung, ebenso während des Zweiten Weltkrieges.

Nach der völligen Freigabe des Goldpreises 1971 bewährte sich Gold vor allem als Inflationsschutz und stieg im Wert mit dem Anstieg der Preise. Als jedoch die Inflation seit dem

Abbildung 6: Preissteigerungsrate in Westdeutschland von 1960 bis 1999

Ende der achtziger Jahre weltweit erfolgreich bekämpft wurde, musste der Goldpreis seinen Vertrauensvorschuss weitgehend wieder abgeben (vgl. Abbildung 7). Gold war die einzige Anlageform, mit der man seit 1980 nur verlieren konnte. Aktien und Anleihekurse haben sich dagegen im selben Zeitraum vervielfacht (Abbildung 8). Erst die ungezügelte Ausgabenpolitik

Abbildung 7: Die Entwicklung des Goldpreises ($/Feinunze) von 1978 bis 2008

Abbildung 8: Vergleich Kursentwicklung des deutschen Aktienindex (DAX) zum Goldpreis in den 90er Jahren

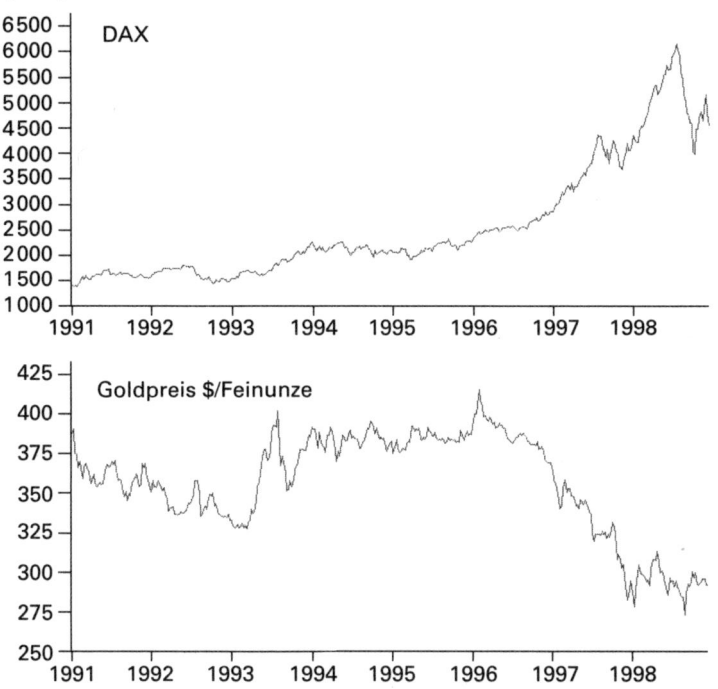

Abbildung 9: Die Entwicklung des Goldpreises ($/Feinunze) von 1998 bis 2008

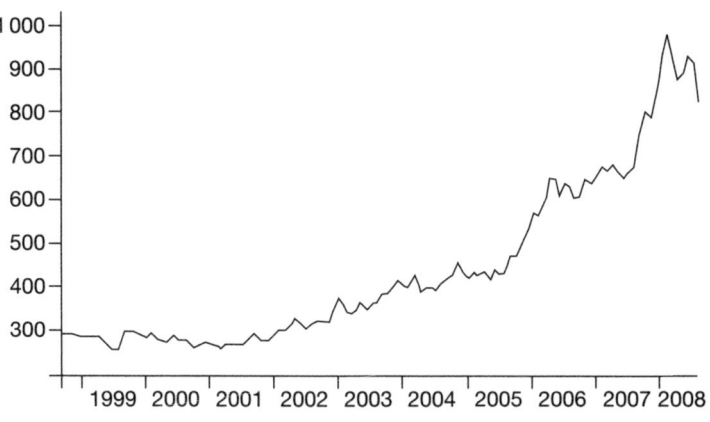

der Bush-Regierung nach der Jahrtausendwende ließ das Gold wieder kräftig steigen (vgl. Abbildung 9).

15.

Bedeutet der Besitz von Gold oder Goldminenaktien einen Anlageschutz in langen Baissephasen der Aktienmärkte oder bei einem Crash, wie 1987?

Gold bietet dann einen guten Schutz, wenn die Aktien aus Furcht vor Inflation fallen. Das haben vor allem die beiden Ölkrisen 1973 und 1979 gelehrt, als sich der Preis des »schwarzen Goldes« durch künstliche Verknappung vervielfachte, aber auch die Jahre 2007 und 2008.

Aber Vorsicht! Versuchen die Zentralbanken, die Inflation mit Hilfe hoher Zinsen zu bekämpfen, dann entwickeln sich diese zu einer starken Konkurrenz für das zinslose Gold. Gold-*aktien* reagieren auf solche Entwicklungen meist noch schneller als der Goldpreis selbst. Als 1974 die Inflation weltweit zu zweistelligen Zinsen und damit zu einer attraktiven Anlagemöglichkeit in Festgeldern führte, gab es im August und September eine scharfe Aktienbaisse, die auch die Goldaktien trotz des stabilen Goldpreises mit in die Tiefe riss. Der Goldpreis selbst blieb noch drei Monate lang stabil.

Ein ähnliches Szenario entwickelte sich 1987. Der Goldpreis war bei steigenden Inflationsraten und Zinsen ebenfalls gestiegen und bewährte sich abermals als Rettungsanker. Die Gold-*aktien* hingegen stürzten ebenso heftig in den Keller wie der gesamte übrige Aktienmarkt.

→ *Zu der Frage, ob Gold einen Deflationsschutz bietet, siehe Nr. 70.*

16.

Kann der Goldpreis in einer Aktienhausse steigen?

Das ist sehr wohl möglich, vor allem in der Spätphase einer solchen Hausse, wenn die Unternehmensgewinne steigen, die Konjunktur stabil ist und Befürchtungen aufkommen, dass die Inflationsraten ebenfalls in die Höhe schnellen könnten. Das haben auch die Jahre 2006 und 2007 deutlich gezeigt. Bei anziehendem Goldpreis und festen Aktienbörsen sind vor allem Goldminenaktien die Gewinner. Sie laufen am besten, wenn das Gold steigt und die Aktien gleichzeitig weiter anziehen, zum Beispiel weil steigende Zinsen noch nicht zu einer Aktienbaisse geführt haben. Bei einer solchen Entwicklung aber brechen in der Regel sehr bald die Aktienmärkte ein, es sei denn, die Inflationsängste sollten sich als grundlos herausstellen. In diesem Falle geht die Aktienhausse weiter und der Goldpreis fällt zurück.

17.

Fallendes Gold *und* fallende Aktienmärkte – passt das zusammen?

Gold kann durchaus manchmal auch parallel zu den Aktienmärkten fallen. Am wahrscheinlichsten ist dies, wenn eine Zinskonstellation eintritt, die als der ärgste Feind sowohl der Aktien als auch des Goldpreises angesehen werden kann: die sogenannte »inverse Zinsstruktur«. Sie liegt vor, wenn die kurzfristigen Zinsen höher sind als die langfristigen. Die steigenden Zinsen befördern zunächst die Aktienmärkte in den

Keller. Doch die hohen Festgeldzinsen sind so attraktiv, dass Gold auf die Dauer nicht mithalten kann. Dann fallen sowohl die Aktien *als auch* der Goldpreis. Wenn die Zinsen wieder sinken, so steigen fast immer kurz darauf die Aktienkurse; Gold bleibt zunächst auf der Strecke.

Das konnte man vor allem im Jahre 1975 lernen. Nach der Explosion der Ölpreise (1973/74) herrschte eine schwere Wirtschaftsrezession in allen großen Industrienationen. Zur Überraschung vieler Beobachter begann Gold nun angesichts zurückgehender Inflationsraten und sinkender, aber noch attraktiver Zinsen zu fallen. Die Aktien stiegen; der Goldpreis hingegen sank in einen Dornröschenschlaf. Goldminenaktien spielten in der folgenden Aktienhausse keine Rolle mehr.

18.

Man spricht in letzter Zeit häufig von sogenannten »Derivaten«, die von spekulativen Anlegern gern gekauft werden. Worum handelt es sich dabei?

Derivate sind Anlageformen, die von Aktien oder Anleihen abgeleitet sind, zum Beispiel Anrechte auf den Erwerb solcher Wertpapiere zu einem bestimmten Preis bis zu einem bestimmten Termin. Solche Derivate nennt man »Optionen«. Sie werden weiter unten gesondert besprochen (→ *siehe Nr. 21ff.*).

Die Phantasie der Derivate-Verkäufer ist jedoch unbegrenzt. So werden beispielsweise Anrechte konstruiert, die wahlweise die Lieferung bestimmter Aktien oder Fremdwährungsanleihen beinhalten, wobei entweder der Käufer des Derivats oder der Verkäufer das Wahlrecht hat.

Das Hauptproblem solcher Derivate ist ihr »enger Markt«.

Von einem solchen sprechen wir, wenn sich eine Anlage während der Laufzeit nur schwer weiterverkaufen lässt, weil es nicht allzu viele Interessenten gerade für jenes bestimmte Derivat gibt.

Statistiken belegen, dass etwa zwei Drittel der Derivatekäufer jeweils falsch liegen. Gewinner sind in erster Linie die Investmentbanken, die solche Papiere ausgeben – sonst würden sie sie nicht verkaufen. Das Motiv, den Anlegern mit einer größeren Auswahl einen Gefallen zu erweisen, existiert nur als Wunschvorstellung in den Köpfen unerfahrener Investoren.

→ *Zu einzelnen Derivatetypen siehe Nr. 21–25.*

19.
Soll man Aktien auf Kredit kaufen, um eine gewisse Hebelwirkung zu erzielen?

Mein grundsätzlicher Ratschlag in dieser Frage lautet, Kreditkäufe strikt zu vermeiden. Zu oft habe ich erlebt, dass Anleger in Schwierigkeiten gerieten, weil die Börse gefallen war, die Erholung zu lange dauerte, die Zinsen für den Kredit am Geldbeutel zehrten und die Bank möglicherweise neue Sicherheiten forderte.

Wer für Aktienkäufe nur sein eigenes Kapital einsetzt, das er auch in den nächsten Jahren nicht benötigt, genießt den Riesenvorteil, viel Zeit zu haben und auf die nächste Erholung am Aktienmarkt warten zu können.

Manchmal können sich Flauten am Aktienmarkt lange hinziehen. Im Herbst 1978 begann eine weltweite Aktienbaisse, die zwar nicht sehr heftig ausfiel (im Durchschnitt rund 20

Prozent Kursverlust), sich aber in Deutschland vier Jahre lang hinzog. Denn auf kleinere Erholungen folgte immer wieder der Test der letzten Tiefs. Da die Kreditzinsen damals mit 15 Prozent sehr hoch lagen, brachte dies manchen Aktionär, der auf Kredit gekauft hatte, schier zur Verzweiflung. Erst im März 1983 sah man die Höchstkurse vom Herbst 1978 wieder.

Im Vergleich zu Aktien*optionen* beziehungsweise -*optionsscheinen* (→ Nr. 21–23) ist der Kreditkauf von Aktien jedoch immer noch zu bevorzugen.

20.
Unter welchen Umständen wäre ein Kreditkauf von Aktien vertretbar?

Der Kreditkäufer erzielt durch das aufgenommene Kapital im Verhältnis zum eingesetzten Eigenkapital eine Hebelwirkung, die er je nach Risikofreude selbst dosieren kann. Er besitzt eine Aktie, bekommt daher Dividenden, verfügt über einen breiten Markt und kann jederzeit selbst bestimmen, wann sein Engagement endet.

Kreditkäufe von Aktien halte ich zu extrem günstigen Zeitpunkten für vertretbar: Die Börse muss um wenigstens 20 Prozent gefallen sein, die Zinsen müssen sinken, Angst und Pessimismus müssen noch vorherrschen, ein neues Quartal sollte soeben begonnen haben, und eine Bodenbildung muss anzeigen, dass der Trend nicht mehr weiter abwärts führt. In diesem Fall könnte man in die steigenden Kurse hinein auch einmal Kreditkäufe wagen. Aber ob jemand in einer solchen Situation den Mut dazu hat? Meiner Erfahrung nach setzen die meisten

Anleger mit Kreditkäufen erst bei hohen Kursen ein, weil sie das Versäumte mit mehrfachem Einsatz nachholen wollen.

21.

Warum sollte man nicht Optionen bzw. Optionsscheine kaufen, wenn man eine Hebelwirkung auf das eingesetzte Kapital anstrebt?

Optionen beinhalten das *Recht,* Aktien oder Devisen bis zu einem bestimmten Termin zu einem bestimmten Preis zu erwerben *(Calls)* oder zu verkaufen *(Puts).* Diese Wertpapiere werden ebenfalls an der Börse, zum Beispiel an der Eurex, gehandelt. Options*scheine* unterscheiden sich von Optionen meist durch ihre längere Laufzeit sowie durch die Tatsache, dass sie in der Regel von Banken ausgegeben werden. Wegen des geringeren Kapitaleinsatzes kann mit dem Kauf eine Hebelwirkung erzielt werden, die je nach Optionsbedingung das Mehrfache des Kursgewinns oder -verlustes erbringen kann, der bei einem Direktkauf des zugrunde liegenden Wertpapiers zu verbuchen wäre. Viele Anleger meinen, beim Kauf von Optionen setzten sie ja nur *Eigenkapital* ein und halten diese Strategie daher für weniger riskant als Kreditkäufe von Aktien.

Das Gegenteil ist richtig. Dem Optionskäufer läuft die Zeit sehr schnell davon, wenn die Aktie nicht wie gewünscht bald nach dem Kauf steigt beziehungsweise fällt. Der Optionspreis enthält meist ein beträchtliches *Aufgeld.* Darunter versteht man den in Prozent ausgedrückten Mehrpreis gegenüber einem Direktkauf der Aktie. Man gewinnt daher nur, wenn sich der Markt sehr schnell in die erwartete Richtung bewegt. Der Fälligkeitstermin kann nicht verlängert werden. So haben

Optionskäufer häufig das Nachsehen, selbst wenn sie auf lange Sicht mit ihrer Börsenprognose sogar Recht behalten.

Wer versucht, diesen Nachteil durch die Auswahl von Scheinen mit langen Laufzeiten von ein oder zwei Jahren zu umgehen, wird dafür kräftig zur Kasse gebeten. Der Kurs muss sich nun noch stärker in die erwartete Richtung bewegen, damit sich der Kauf auszahlt. Dabei muss auf Zins und Dividende während der gesamten Laufzeit ebenfalls verzichtet werden.

Ein weiterer Nachteil: Der Markt für Derivate ist oft sehr eng, faire Kauf- und Verkaufspreise sind daher nicht garantiert.

Wer sich über *Kreditkäufe von Aktien (→ siehe Nr. 19–20)* eine Hebelwirkung verschafft, hat gegenüber dem Optionskäufer die Vorteile des überschaubaren Marktes, der Dividendenzahlungen und der Möglichkeit, Hebel und Laufzeiten je nach Bedarf selbst zu dosieren.

→ Zum Thema Anleger und Terminmärkte siehe auch Nr. 47–50.

22.

Dienen Optionen der Absicherung des Depots oder der Spekulation?

Optionen lassen sich durchaus als Absicherungsinstrument einsetzen. Wer etwa einen Kurssturz seiner Aktien befürchtet, könnte Put-Optionen auf seine Aktien oder einen Aktienindex kaufen. Diese Art von Absicherung ist jedoch teuer. In den meisten Fällen wäre es ratsamer, bei erwarteten Kursrückgängen einfach die Aktien zu verkaufen.

In der Regel werden Optionen aber zu Spekulationsgeschäften eingesetzt. »Die Deutschen haben mitunter eine merkwürdige Anlagementalität«, bekundete Optionsspezialist Th. Zwirner laut *Handelsblatt* vom 7.8.1997. Entweder kauften sie nur ganz sichere Wertpapiere wie Bundesanleihen, oder sie stürzten sich gleich auf Optionsscheine. Das sei aber dasselbe, als wenn ein Kleinwagenfahrer plötzlich in einen Rennwagen steige und schließlich am Baum lande. Das Risikobewusstsein fehle. Besonders schlimm sei es, dass die gekauften Optionen oder Scheine meist eben nicht der Absicherung, sondern ausschließlich der Spekulation dienten.

Gift für Optionen sind die sogenannten »Seitwärtsbewegungen«, in denen es weder klar aufwärts noch abwärts geht, sondern der Kurs unter Schwankungen auf etwa dem bisherigen Niveau bleibt. 70 Prozent aller Börsenbewegungen bestehen aus solchen richtungslosen Wellen ohne klaren kurzfristigen Trend. Sogenannte »Trader« nutzen dies gern, um mal auf steigende, mal auf fallende Kurse zu setzen oder an den Terminbörsen als sogenannte »Stillhalter« Optionen zu verkaufen. Man versucht, »antizyklisch« zu handeln, nach dem Motto: Was rauf ging, muss auch wieder runter; was runter ging, muss auch wieder rauf.

Meistens stimmt dies. Aber bei *steilen und heftigen* Auf- und Abwärtsbewegungen, wie in den Jahren 1998, 2000 und 2002, erleidet man damit Schiffbruch. Bestenfalls gewinnt man nichts. Schlimmstenfalls verliert man Haus und Hof, weil es zahlreiche Trader gibt, die bei Schieflagen ausrufen: »Das gibt es doch nicht! Ich verdopple meinen Einsatz!«

Wer seine Nerven schonen will, verzichtet auf solches kurzfristiges Trading. Es gibt bewährte mittelfristige Kauf- und Verkaufssignale, und wenn sie klingeln, kauft man im ersten Fall sichere, solide Aktien oder vermindert im anderen Fall den

Aktienanteil im Depot. Wer nicht alles riskiert hat, kann auch gelassen bleiben, wenn es kurzfristig einmal eine Schwankung in die verkehrte Richtung gibt.

23.
Bieten die Banken nicht so interessante Kombinationen von Optionsscheinen an, dass ihr Kauf eine Überlegung wert ist?

Mancher Anleger verwechselt eine Börse mit einem Wettbüro. Nur so ist es zu erklären, dass sich sogenannte »Finanzderivate« so gut verkaufen lassen.

Da finden sich beispielsweise sogenannte »Aktienanleihen«, die eine höhere Verzinsung als üblich bieten, sofern bestimmte Kurse am Aktienmarkt bis zu einem bestimmten Zeitpunkt eintreten bzw. nicht eintreten.

So bot etwa die Sal. Oppenheim im Jahre 1999 eine Anleihe mit dem Zinssatz von 22 Prozent an. Bedingung: Unterschreitet der Kurs der Aktie »Cybernet«, gehandelt am 8. März 1999 zu 28,80 Euro, die Marke 20 Euro, erfolgt die Rückzahlung nicht bar, sondern in Cybernet-Aktien. Das Spiel ging für den Anleger verloren. Am Verfalltag lag dann der Kurs der Cybernet-Aktie bei 14,40 Euro. Das war ein Verlust von 28 Prozent, wofür die 22 Prozent Zinsen, die auch noch versteuert werden mussten, dafür nur ein ungenügendes Gegengewicht waren.

Es scheint bei solchen Finanzderivaten in erster Linie darum zu gehen, *Banken* eine möglichst günstige Finanzierung zu verschaffen. Dabei nutzen diese den Spieltrieb jener Anleger aus, die für die Chance auf einen etwas höheren

Ertrag gerne ein höheres Risiko eingehen. Ob diese Anleger sich allerdings immer auch aller Gefahren bewusst sind, ist zweifelhaft.

→ *Zu Derivaten allgemein siehe auch Nr. 18.*

24.
Wenn ich gern Optionsscheine kaufen will, was gilt es dabei zu beachten?

Wer trotz der bekannten Nachteile, die mit Optionsscheinen verbunden sind, dennoch diese Anlage bevorzugt, kaufe sie nicht über die Börse. Es besteht aufgrund der inzwischen unübersichtlichen Vielfalt des Angebotes die Gefahr von engen Märkten. Ohne Angabe eines Limits werden Sie beim Kauf oder Verkauf wahrscheinlich zu viel bezahlen oder zu wenig erhalten. Mit Limit geht Ihr Auftrag vielleicht nicht durch. Außerdem gibt es oft nur Geld-, Brief- oder Taxkurse ohne Umsätze.

Kaufen Sie Optionsscheine daher nur im *Direkthandel*. Die ausgebenden Banken (Citibank, DG-Bank sowie die meisten anderen ausgebenden Institute) bieten ständig aktuelle Ausgabe- und Rücknahmepreise an, die Ihr Bankberater direkt am Telefon erfragen kann und die möglicherweise sogar in den Videotexten der bekannten Fernsehsender erscheinen.

25.

Wie unterscheiden sich »Futures« als Instrumente zur Absicherung von Optionen?

Auch Futures sind wie Optionen Termingeschäfte, die ursprünglich nur gegen Kursrisiken, zum Beispiel am Devisenmarkt, absichern sollten. Doch wie die Optionen (→ *siehe Nr. 21)* dienen sie heutzutage in erster Linie der Spekulation.

Was ist ein Future? Beispiel: Ein Maschinenbau-Unternehmen soll in einem Jahr einem US-Händler Waren im Wert von mehreren hunderttausend Dollar liefern. Um sich davor zu schützen, dass die in zwölf Monaten zu erhaltenden Dollars dann wesentlich weniger wert sind – und damit die gesamte Kalkulation nicht mehr stimmt –, verkauft der Lieferant auf Termin für den entsprechenden Gegenwert Dollars gegen Euro. Dieses »Termin-Differenz-Geschäft« nennt man »Future«. Es berechtigt unseren Lieferanten, am Zahltag Dollars zum vereinbarten Terminkurs in Euro umzutauschen.

Natürlich ist es aber inzwischen üblich, Futures auf Devisen, Aktienindizes, Gold und andere Waren auch ohne entsprechende Gegengeschäfte (Waren oder Aktienkorb) zu tätigen. Damit bekommen Futures aber einen hochspekulativen Charakter. Die großen US-Geldhäuser unterhalten ganze Abteilungen, die ausschließlich mit Futures handeln.

Optionen und Futures fasst man samt ihrer möglichen Kombinationen auch unter dem Sammelbegriff »Finanzderivate« zusammen, weil sich deren Wert von anderen Finanzinstrumenten (Währung, Ware, Aktie, Aktienindex) *ableitet.*

→ *Zu Derivaten allgemein siehe auch Nr. 18.*

26.

Warum haben offenkundige Betrüger bei Anlegern oft so großen Erfolg?

Der Börsenneuling stellt es sich sehr leicht vor, durch Kurssteigerungen bei Aktien zu gewinnen. Bekannte, die mit den Dividendenpapieren handeln, erzählen natürlich nur zu gern von ihren Erfolgen, aber wohl eher selten oder nie von Kursverlusten. Deshalb findet man häufig die Meinung, Renditen um 40 Prozent seien nichts Ungewöhnliches.

Dieser Umstand wird aber von zahlreichen Betrügern ausgenutzt, denen es nur darum geht, an das Geld ihrer Opfer heranzukommen. Ein Telefon und die Gelben Seiten genügen zur Ausstattung. Diese »Anlagehaie« bearbeiten ihre Gesprächspartner am Telefon mit großer Redegewandtheit und schwärmen von todsicheren Gewinnen mit Optionsgeschäften auf Aktienindizes, Währungen und Waren.

Wer versucht, mit ihnen zu diskutieren, hat bereits verloren. Denn so dünn das »Fachwissen« der Telefonverkäufer ist, so geschult sind sie in Rede und Gegenrede. Auf jeden Einwand haben sie die passende Antwort bereits schriftlich vor sich liegen. Welcher Laie durchschaut denn schon, dass die Optionspreise und Provisionen mit Aufschlägen von mehreren hundert Prozent zugunsten des Vermittlers viel zu hoch sind, so dass schon deshalb kaum eine Chance auf Gewinn bis zum nächsten Termin besteht? Aber viele dieser Vermittlerfirmen geben die Aufträge ohnehin nicht an die Börse weiter, sondern stecken die Prämien unmittelbar in die eigene Tasche.

Erleichtert wird den unseriösen Händlern das Geschäft durch die Leichtgläubigkeit ihrer Opfer. So überwies der Vorstand einer renommierten Fertighausfirma einem Vermittler für ein »Superinvestment« dreieinhalb Millionen D-Mark ohne jegliche schriftliche Unterlagen. Offenbar trauen gerade seriöse Geschäftsleute potentiellen Partnern so viel Dreistigkeit gar nicht zu, so dass die sonst bei allen Geschäften übliche Absicherung vernachlässigt wird.

Ein Frankfurter Oberstaatsanwalt formulierte es so: »Früher mussten wir Vermögen schützen, heute die Leute vor ihrer Dummheit.«

27.

Wie kann man bei einem gelegentlichen Engagement an den Terminbörsen unseriöse Anbieter erkennen?

Die Terminbörsen und die angeblich hohen Gewinne, die sich dort erzielen lassen, rufen immer wieder die »Haie«, die es nur auf das Geld anderer Leute abgesehen haben, auf den Plan. Die meisten freiberuflich Tätigen wurden wohl schon von einem der sogenannten »Termingesellschaften« mit ihren stets wohlklingenden Namen angerufen und gedrängt, dieses oder jenes »todsichere Geschäft« auf Dollars, Gold, Weizen, Kupfer oder Aktienindizes durchzuführen.

Abgesehen davon, dass Termingeschäfte allenfalls zur Absicherung eines bestehenden Wertpapierdepots geeignet sind – ich kenne niemanden, der mit wiederholten kurzfristigen Termingeschäften je auf Dauer erfolgreich war –, sollten Terminkontrakte nur über eine angesehene Bank beziehungsweise ein Brokerhaus getätigt werden. »Vermittler« werden dazu nicht benötigt.

Sie erkennen solche unseriösen Vermittler daran, dass sie ungebeten anrufen, Sie persönlich verlangen und das Angebot sehr dringlich formulieren, da sonst »die einmalige Chance« verpasst sei.

Legen Sie auf, lassen Sie sich auch keine Prospekte zusenden, weil Sie sonst immer wieder belästigt werden. Seriöse Finanzdienstleister rufen Sie nicht an, sondern annoncieren allenfalls in der Tagespresse.

Teil **II**

Börsenpsychologie:
Gefühle und Stimmungen

28.

»Warum habe ich bei der Bestimmung des Kauf- und Verkaufszeitpunktes und bei meiner Aktienauswahl immer wieder so viel Pech? Ist das Zufall? Oder was mache ich falsch?«

Börsenneulinge beklagen sehr häufig das »Pech«, das ihnen ständig an der Börse widerfahre. »Kaum habe ich mich entschlossen einzusteigen, schon dreht die Börse nach unten. Kaum habe ich mich für eine Aktie entschieden und kaufe sie, schon steigt alles – nur diese Aktie nicht!«

Es handelt sich nicht um Pech, sondern die Märkte haben in solchen Fällen nach ganz einfachen Regeln reagiert: Wenn auch die letzten Zauderer endlich überzeugt sind, dass die Aktien steigen werden und nun auch noch auf den fahrenden Zug aufspringen, dann haben alle gekauft, die kaufen wollten. Das war etwa im März 2000 der Fall, als unverhältnismäßig viele Kleinanleger, angelockt durch die starken Kurssteigerungen, noch einmal kräftig einstiegen. Danach gab es nur noch potentielle Verkäufer, die bereits auf hohen Buchgewinnen saßen und sich auf jeden Fall diese Gewinne sichern wollten. Kleinste Ereignisse, die die bisherige freundliche Stimmung eintrüben, führen in einer solchen Situation sofort zu Kursrückgängen.

Bei der *Auswahl* der Aktien beachten unerfahrene Börsenteilnehmer auch zu wenig, dass die Aktien, die ihnen im Fernsehen empfohlen werden, längst von vielen anderen »vorgekauft« wurden. Alle Gründe für den Kauf, alle guten Nachrichten sind längst in den Kursen enthalten. Möglicherweise lauern diejenigen, die die Empfehlung zum Kauf abgeben, bereits auf eine günstige *Verkaufs*gelegenheit – besonders wenn es sich um kleinere, marktenge Werte handelt.

29.

Wie kann ich verhindern, dass bei meinen Börsengeschäften dauernd Schieflagen entstehen?

Überprüfen Sie, welche Börsengeschäfte Ihnen am häufigsten schief gegangen sind, und ermitteln Sie die Ursachen! Dabei lernen Sie, mit Ihren persönlichen Schwächen umzugehen und Maßnahmen zu ergreifen, die verhindern, dass diese Schwächen zum Tragen kommen.

Gehören Sie beispielsweise zu den Anlegern, die vor lauter Freude über kleine Gewinne viel zu früh verkaufen?

Oder sitzen Sie Verlustpositionen zu lange aus, weil Sie immer noch auf eine Wende zu Ihren Gunsten hoffen, die aber nicht eintreten will (→ *siehe auch Nr. 53–55)*?

Besitzen Sie immer wieder zu viele Aktien einer einzigen Gesellschaft, wobei ausgerechnet diese Papiere viel schlechter abschneiden als der Durchschnitt des Gesamtmarktes?

Haben Sie die Fehlerquelle in Ihrer Vorgehensweise gefunden, dann setzen Sie sich selbst künftig *vor* Ihren Börsengeschäften feste Regeln, die Sie ohne Wenn und Aber befolgen werden. Es muss in jeder Phase Ihres Börsengeschäftes im Voraus klar sein, was Sie aufgrund der entstehenden Lage tun werden, wann Sie aussteigen, absichern oder Gewinne teilweise oder ganz mitnehmen werden. Dies alles darf niemals aus dem Gefühl heraus erst in der jeweiligen Börsenlage entschieden werden. Weichen Sie nicht von Ihrem System ab. Wenn es etwas taugt, wird es Ihnen auch Schieflagen rechtzeitig anzeigen.

30.

Sollte nicht das Gefühl entscheiden, wann die Kurse zu hoch sind?

Gefühle trügen meist. »An den Märkten ist Vorsicht angebracht.« Mit diesen Worten meldete sich im Sommer 1995 zum wiederholten Mal »Crash-Prophet« Roland Leuschel in einem Interview der *Nordwest-Zeitung.*

Der Dow Jones-Index war seit Dezember 1994 ununterbrochen von 3 600 bis auf 4 700 Punkte gestiegen. Angesichts dessen sagte ihm wohl sein Gefühl: »Irgendwann *muss* doch da ein Rückschlag kommen!«

Rückschläge kommen natürlich immer wieder, aber solange die Anleihezinsen nicht abrupt stiegen, solange das weltweite Währungsgefüge stabil blieb und solange Vertrauen in die Rückzahlungsfähigkeit der meisten Schuldnerländer bestand, hat es in der Vergangenheit stets nur kurze und auch heftige Korrekturen, manchmal bis zu 20 Prozent, aber noch nie eine lang anhaltende Baisse mit anschließender Wirtschaftsflaute und schrumpfenden Aktiengewinnen gegeben.

→ *Zu den Methoden, mit denen man tatsächlich überhöhte Kurse erkennen kann, siehe Nr. 31–36 sowie Nr. 137–143.*

31.

Kann man sagen: Je besser die Stimmung, desto wahrscheinlicher kommt es zu Rückschlägen?

Ja, als Faustregel ist dies durchaus brauchbar. Rückschläge können *jederzeit* erfolgen, besonders aber nach stärkeren

Kursgewinnen ist eine Konsolidierung wahrscheinlich. Sie kommt immer ausgerechnet dann, wenn viele zögerliche Anleger endlich genügend Mut bekommen haben und den davongezogenen Kursen noch schnell nachlaufen wollen, um eine womöglich bevorstehende Kursexplosion ja nicht zu verpassen.

Unsere Regel gilt auch umgekehrt: Werden katastrophale Börsenentwicklungen bereits in der »Tagesschau« erwähnt, ist die Wende zum Positiven nicht mehr weit.

Manche Berater verwenden das Verhältnis von Optimisten zu Pessimisten bereits als Anti-Indikator. Dies ist zwar ein interessanter Ansatz, doch hat er sich bereits seit über einem Jahrzehnt nicht mehr durchgängig bewährt. Eine Anlagestrategie lässt sich darauf nicht aufbauen. Außerdem ist das Prinzip längst allgemein bekannt und führt sich selbst ad absurdum, wenn aufgrund vieler pessimistischer Kommentare nun andererseits plötzlich Optimismus entsteht, der wiederum zu Kursrückgängen führen müsste.

Ein Beispiel: Anfang März 2000 herrschte einem bekannten Börsenbrief zufolge großer Pessimismus in Deutschland und in der Schweiz. Demzufolge hätten die Aktienkurse in diesen Ländern eigentlich nicht fallen dürfen. Dennoch gingen die betreffenden Börsen im Jahr 2000 mit durchschnittlichen Kurskorrekturen um 10 Prozent und im folgenden Jahr nochmals mit 20 Prozent deutlich in die Knie. Freilich erholten sie sich danach auch wieder, trotz weiter pessimistischer Stimmungslage. Die genannte Regel ist also ein Anhaltspunkt – mehr nicht.

32.

Ist es nicht vertretbar, wenn Anleger nach verpasstem Einstieg zu tiefen Kursen sich zu einem späten Kauf entschließen, um wenigstens einen Teil der Hausse noch mitzuerleben?

Ja, sofern der Einstieg nach zuvor festgelegten Regeln erfolgt, die sich schon bei anderer Gelegenheit bewährt haben. Beleidigtes Fernbleiben nach verpasster Gelegenheit wäre kein gutes Motiv für eine Aktienabstinenz.

»Kauf-Panik« dagegen ist immer ein Fehler, denn sie ist völlig unnötig. Es gibt immer wieder genügend Gelegenheiten, Aktien zu günstigen Preisen zu erwerben. Die Aktien steigen nie, wenn es alle erwarten und optimistisch sind.

Die beste Chance für Späteinsteiger ist dann gekommen, wenn die Börsen nach übertriebenen Kurssteigerungen korrigiert haben und wieder genügend Mahner auftreten, die voraussagen, dass dies nun der Anfang vom Ende sei. Dann geht es weiter aufwärts. Aber zu diesem Zeitpunkt verspüren viele der vorher so mutigen Kleinanleger schon wieder keine Lust mehr zum Einstieg. Sie kaufen erst wieder bei kurzfristig hohen Kursen, wenn die Mahner verstummt sind.

33.

Wie könnte man anhand der »Stimmungslage« auf Gefahren für die Aktienmärkte schließen?

Anzeichen für Übertreibungen liegen vor, wenn die Analyseabteilungen großer Banken und Wertpapierhäuser plötzlich ihre »Kursziele« nach oben korrigieren und zahlreiche Kleinanleger, die sich bisher nie für Aktien interessiert hatten, durch Berichte in der Tagesschau entdecken, dass sie mit ihren Sparbüchern offenbar bisher Geld verschenkt haben, und nun das Versäumte schnell nachholen wollen.

Beim ersten Fünf-Prozent-Rückschlag steigen solche Anleger bereits wieder aus, weil sie der Mut verlässt. Sie sind nie dabei, wenn die Kurse wirklich steigen, denn jede Börsenhausse war stets von reichlich Skepsis und massiven Warnungen »renommierter« Analysten begleitet.

34.
Welche kurstechnischen Anzeichen für zu große Kurseuphorie gibt es?

In der letzten Phase einer Aufwärtsbewegung ähneln die Kurven von Aktienkursen häufig sogenannten »Fahnenstangen«. Die Kurse schnellen binnen kürzester Zeit so kräftig nach oben, dass der Eindruck entsteht, die Anleger hätten nun erst begriffen, wie unterbewertet die betreffende Aktie beziehungsweise der Aktienindex bisher gewesen seien. Alles Versäumte soll offenbar nun nachgeholt werden (Beispiele dazu in Abbildung 10).

Lassen Sie sich niemals dazu verleiten, nach Bildung einer solchen Fahnenstange noch einzusteigen! Sie kommen vermutlich wesentlich billiger zum Zug, wenn Sie Ihren Kauf verschieben. Denn Fahnenstangen bei Aktienkursen sind immer ein Zeichen von Euphorie und knicken früher oder später mit großem Krach um. Ich denke hier nicht nur an das viel zitierte Beispiel Japans 1985–1990. Auch in Europa traten nach

Abbildung 10: Übertriebene Kursentwicklungen und ihre Folgen

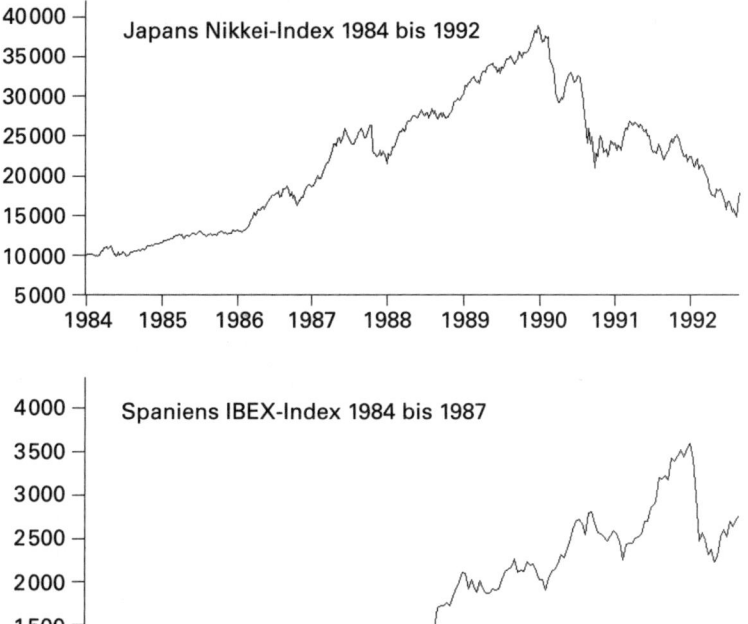

Japans Nikkei-Index 1984 bis 1992

Spaniens IBEX-Index 1984 bis 1987

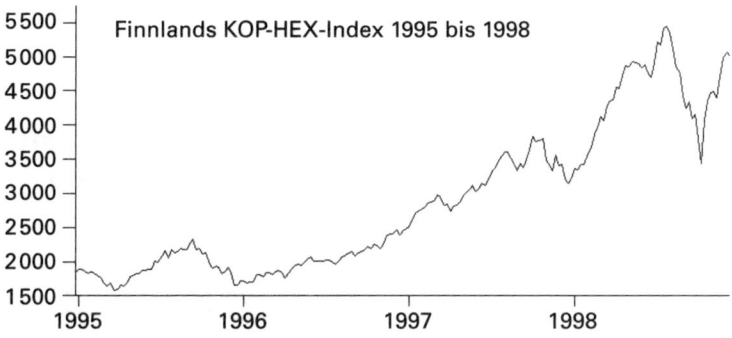

Finnlands KOP-HEX-Index 1995 bis 1998

Fahnenstangen schon heftige Verluste auf, zum Beispiel im Anschluss an die Wirtschaftswunder-Hausse 1957–1960, nach den Kursverdoppelungen 1984–1986, im August/September 1998 und im März 2000. Setzt erst einmal die Ernüchterung nach dem Kaufrausch ein, dann helfen nicht einmal mehr sinkende Zinsen, wie 1962, im Sommer 1998 und in den Jahren 2001 und 2002. Da brachen die deutschen Aktienkurse trotz gleichzeitigen Zinsrückgangs im Schnitt um jeweils 20 Prozent und mehr ein.

Fahnenstangen sieht man es leider nicht an, wo sie enden werden. Wer zu früh abspringt, setzt sich dem Spott aus, weil er nicht mehr dabei ist, wo noch binnen kurzer Zeit unglaublich viel Geld verdient werden kann.

Ich persönlich gehöre zu denen, die bei starken Übertreibungen der Aktienkurse nach oben immer lieber früher als später ausgestiegen sind. Das hat sich in den neunziger Jahren oft als nachteilig erwiesen, denn die erwartete Baisse war wiederholt so wenig ausgeprägt, dass sich Baisse-Spekulationen oder Absicherungsgeschäfte im Nachhinein als unnötig herausstellten. Aber ich konnte ruhiger schlafen.

→ *Siehe auch Nr. 35–37 und 138–143.*

35.

Wenn das Kursniveau schon sehr hoch ist, aber keine Warnzeichen vorliegen, sollte man dann weiter auf Hausse setzen?

Zwar sollte man nach Kursanstiegen von 50 Prozent und mehr schon vorsichtig sein. Aber wenn tatsächlich keine Warnzeichen vorliegen, die Zinsen sinken und die Währungen weltweit stabil bleiben, dann vertrauen Sie weiter der Börsenhausse, auch wenn ihr Fortgang angesichts eines bereits hohen Kursniveaus als unglaubhaft erscheinen mag.

Ein Beispiel: In der Mai-Ausgabe 1995 des *manager magazin* berichtete Ernst-Uwe Winteler, Chef der Graf Lambsdorff Vermögensverwaltung, er sei zur Zeit äußerst pessimistisch und habe sämtliche Kundendepots durch Terminkontrakte abgesichert. »Mit mehr als 4 000 Punkten hat der Dow Jones-Index ein Niveau erreicht, das jeder fundamentalen Grundlage entbehrt. Wenn die Kurse durch übertriebene Gewinnerwartungen an amerikanische Unternehmen weiter steigen, ist ein Crash an der Wall Street sehr wahrscheinlich.«

Der erwartete Crash kam nicht. Drei Jahre später hatte sich der Dow Jones-Index abermals mehr als verdoppelt. Herr Winteler hatte hoffentlich inzwischen seine Kundenvermögen nicht nur in Festgeld geparkt.

Auch Anfang 1997 wähnte man einen DAX von 3 200 Punkten als »schwindelerregend hoch«, nachzulesen in Zeitungskommentaren aus jener Zeit. Doch Gefühle trügen: Anderthalb Jahre später hatte sich dieser DAX-Kurs schon fast wieder verdoppelt. Dann allerdings gab es einen gewaltigen Rückschlag.

36.
Warum werden Börsenprognosen nach starken Kurszuwächsen so schwierig?

So erfreulich es für viele Anleger ist, wenn die Aktienkurse in wenigen Monaten um 20 Prozent steigen, so sehr habe ich mich als Börsenberater immer darüber geärgert. Denn nun bricht eine schwere Zeit für den an, der unerfahrenen Anlegern zur Seite stehen möchte. Man weiß, dass ein gelegentlicher Rückschlag nicht zu vermeiden ist. Aber der Zeitpunkt für diesen Rückschlag ist schwer vorherzusagen.

Einerseits führen neue Höchstkurse eine Zeit lang zu weiteren Höchstkursen. Andererseits machen Übertreibungen die Börse unberechenbar und anfällig für heftige Korrekturen nach unten, selbst wenn es noch keine Verkaufssignale gibt. Außerdem wollen die Leute gerade dann am liebsten kaufen, wenn die Kurse täglich kräftig gestiegen sind und jede Mahnung und Warnung nur als Miesmacherei abgetan wird.

Es hat sich aber bewährt, nach Indexsteigerungen um 100 Prozent in fünfzehn Monaten oder um 30 Prozent in sechs Monaten erst einmal die Gewinne mitzunehmen, selbst wenn kein Wölkchen am Börsenhimmel zu sehen ist. Man versäumt zwar vielleicht noch die letzten 10 Prozent der Hausse, bekommt aber höchstwahrscheinlich sehr bald eine neue Einstiegschance zu tieferen Kursen.

37.
Sollte man sich schon bei Erreichen von Jahreshöchstständen für eine kommende Baisse wappnen?

Vorsicht ist immer angebracht, wie der rasche Kurssturz im Juni 2007 nach den weltweiten Höchstständen zeigte. Eine Baisse kommt aber meist nicht dann, wenn vielen Anlegern aufgrund der neuen Höchstkurse schwindelig wird und in der Presse schon vor Kursstürzen gewarnt wird. Neue historische Höchstkurse sind keine Baisse-Signale, sondern machen eine Fortsetzung der Hausse sehr wahrscheinlich.

Gefährlich wird es dann, wenn die Medien Optimismus verbreiten und allgemeine große Zuversicht herrscht, die Hausse werde noch lange andauern. Das war im Mai 2007 der Fall.

In der Mehrzahl der Fälle kündigen sich jedoch Trendwenden zur Baisse mittel- oder langfristig an und benötigen Zeit. Ein Zug, der mit Volldampf in eine Richtung rast, braucht bei einer Wendeschleife Zeit, ehe er in die andere Richtung auf Touren kommt.

Je mehr sich unter den Kleinanlegern Angst breit macht und je größer der Pessimismus der Profis ist, desto weniger besteht Grund zur Sorge. Die Gefahr droht vor allem dann, wenn Anleger und Berater steigende Zinsen ignorieren oder mit flotten Sprüchen von einer angeblich bevorstehenden »gewinninduzierten Hausse« schönreden wollen.

38.
Warum kann gerade eine längere Haussephase für den Anleger gefährlich sein?

Eine jahrelange Hausse verstärkt das Sicherheitsgefühl der Anleger. Das ist durchaus verständlich, wenn, wie von 2003 bis Mitte 2007, der DAX nie um mehr als 10 Prozent fiel und in jeder folgenden Aufwärtsbewegung die Kursrückgänge um das Mehrfache ausglich. Da das Gedächtnis der meisten Anleger erfahrungsgemäß sehr kurz ist, kann man verstehen, dass sie in ihren Investmentfonds voll engagiert bleiben, solange es gut geht.

Typisch für die letzte euphorische Phase in einer Hausse ist, dass man nur noch sieht, was man sehen will, und jeder neuen Meldung nur positive Seiten abgewinnt. Selbst Warnsignale wie eine Dollarschwäche oder drohende Kreditausfälle in einem »Schwellenland« werden in einer Euphoriephase zunächst als nicht dramatisch angesehen. So erschien beispielsweise am 13. März 1997 im *Handelsblatt* ein ausgezeichneter Artikel von Peter Seidlitz, der vor dem »Bauboom« in China, Thailand und Singapur warnte. Zahlreiche Gebäude ständen bereits unverkäuflich leer, faule Kredite bedrohten die Banken und gefährdeten die internationalen Börsen. Es mussten noch fünf Monate vergehen, bis die Börsen tatsächlich darüber in Panik gerieten.

»Positives Denken« ist im Privatleben sehr hilfreich. An der Börse darf man jedoch weder positiv noch negativ denken, sondern sollte seine Daten nüchtern analysieren.

39.

Soll man nachkaufen, wenn der Aktienanteil im Depot angesichts der Kurssteigerungen als zu klein erscheint?

Immer wieder fällt auf, wie schnell viele Anleger, die bei den Einstiegssignalen noch sehr zurückhaltend waren, angesichts kräftiger Kurssteigerungen und entsprechend positiver Kommentare in den Medien immer mutiger werden und »nachkaufen« wollen. Aus Erfahrung weiß ich, dass dies gefährlich ist. Denn wenn die letzten Zögerlichen an der Börse in Erscheinung treten, kommt oft ein Rückschlag.

Man sollte grundsätzlich nie »nachkaufen«, es sei denn, eine Staffelung der Käufe war von Anfang an geplant! Denn man hatte ja seine Gründe, nur ein bestimmtes Risiko eingehen zu wollen. An diesen Gründen ändert sich nichts, wenn die Kurse wie erhofft gestiegen sind. Wer später einsteigt, sollte seine Käufe zumindest nicht dann vornehmen, wenn alle davon überzeugt sind, dass es nur noch aufwärts gehen kann, sondern an schwachen Tagen – dann, wenn die Kurse lahmen und warnende Stimmen zunehmen.

40.
Wann hat es den bisher größten Tagesverlust an der deutschen Börse seit dem Zweiten Weltkrieg gegeben? Wie kam es dazu?

Das war im Oktober 1989. Fast zwei Jahre lang waren die Kurse weltweit nach dem Crash von 1987 gestiegen. Die Indizes lagen im Schnitt etwa 10 bis 12 Prozent über ihren 200-Tage-Linien. Die Zinsen befanden sich in Deutschland inzwischen wieder im Aufwärtstrend, in den USA jedoch noch nicht, und der Dollarkurs tendierte leicht abwärts. Ein Umfeld also, das zwar zur Vorsicht mahnte, aber noch keine Baisse erwarten ließ. Ein geringfügiger Anlass löste jedoch den größten prozentualen Sturz des DAX (13 Prozent) an *einem* Börsentag in der Nachkriegszeit aus: Am Freitag, den 13. Oktober 1989, platzte eine geplante Übernahme der Luftfahrtgesellschaft UAL in den USA aus finanziellen Gründen. Der Dow Jones fiel gegen 19 Uhr MEZ um rund 180 Punkte, damals waren das knapp 7 Prozent.

Nun folgte das Wochenende, und man war gespannt, wie die europäischen Börsen am Montag, den 16. Oktober, reagieren würden. Von allen Seiten kamen der Beruhigung dienende Erklärungen, es werde höchstens Kursabschläge um 3 bis 4 Prozent geben. Damit erreichte man jedoch das Gegenteil, denn ängstlich gewordene Kleinanleger verkauften nun unlimitiert. Sie erinnerten sich an die Vierzig-Prozent-Baisse von Oktober bis Dezember 1987 und argumentierten, die ersten Verluste seien noch die geringsten.

Von wegen! Nach dem Dreizehn-Prozent-Absturz am 16. Oktober 1989 erholten sich die Kurse wieder relativ schnell, begünstigt durch das herannahende Ende der DDR.

Vor diesem Mini-Crash waren die Kurse den 200-Tage-Linien im Schnitt »nur« um rund 12 Prozent davongezogen, in den Jahren 1996 bis 1998 lag der Abstand oft noch weit höher.

Ist ein Aktienindex 20 Prozent von seiner 200-Tage-Linie entfernt, bedeutet bereits eine Korrektur, die die Kurse auf ein Normalmaß zurückbringt, für einen Kleinanleger, der zum Höchstkurs eingestiegen ist, eine finanzielle Katastrophe. Deshalb zögere man mit Vollinvestitionen an den Aktienmärkten, wenn die Indexstände schon um 15 Prozent und mehr über den 200-Tage-Durchschnitten liegen (→ siehe auch Nr. 138–143).

41.
Welche Nachrichtensender sind vormittags mit besonders qualifizierten Analysen zum Tage zu empfehlen?

Gehören Sie zu den Börsenteilnehmern, die schon am Vormittag die neuesten Kommentare zum Börsengeschehen in aller Welt hören möchten? Warum tun Sie das? Wissen Sie nicht, dass Sie dann viel zu sehr beeinflusst werden, um noch mit klarem Blick und der nötigen Distanz die Börsenereignisse zur Kenntnis nehmen zu können? Sicherlich werden Sie in einigen Sendern gelegentlich einige interessante Hintergrundinformationen bekommen. Doch die sind dann in den Börsenkursen längst enthalten.

Aktualität kann aber auch sehr nachteilig sein. Wer sich zu nahe am Tagesgeschehen bewegt, riskiert, den Blick für das Wesentliche zu verlieren, und sieht oft den Wald vor lauter Bäumen nicht mehr (→ *siehe dazu auch Nr. 42–45).*

In einer US-Studie aus dem Jahre 1987 sollten zwei Versuchsgruppen in einem Seminar Börsenentscheidungen aufgrund tatsächlicher historischer Situationen fällen. Die eine Gruppe erhielt ständig die Berichte des *Wall Street Journal* aus der betreffenden Zeit, die andere erfuhr nur die Kurse, erhielt aber keine weiteren Informationen. Letztere Gruppe gewann das Spiel.

42.

Sollte man als Aktionär nicht ständig »auf dem Laufenden« sein und täglich Unternehmensnachrichten hören beziehungsweise lesen?

Das suggerieren jedenfalls private Nachrichtensender: »Der DAX ist ständig in Bewegung. Wer dabei verdienen will, braucht Börseninfos rund um die Uhr.« Falsch! Kleinanleger können keinen größeren Fehler begehen, als ständig Informationen hinterher zu rennen. Denn das nützt nichts. Die Nachrichten sind in der Regel längst in den Kursen enthalten.

Nur wer den nötigen Abstand hält, um mittel- und langfristige Kursentwicklungen in Ruhe beobachten zu können, schützt sich selbst vor unüberlegten Handlungen.

Die Tageskommentare in den Sendungen n-tv Telebörse und 3Sat-Börse, auf N24 und Bloomberg TV oder in der Zeitung geben meist nur die *momentane Stimmung* wieder. Und die wechselt unaufhörlich.

Ich halte es für besser, sowohl Kommentare als auch Kurse nicht täglich, sondern allenfalls *wöchentlich* zu verfolgen. Sollte es Ihnen sehr schwer fallen, jeweils eine Woche lang keine neuen Börsenkurse zur Kenntnis zu nehmen, dann sollten Sie den Ursachen nachgehen. Haben Sie Sorge, es könnten hohe Verluste auftreten, wenn Sie nicht »am Ball« bleiben? Dann überprüfen Sie, ob nicht Ihr Aktienengagement einfach zu hoch ist! Denn wenn Sie kurzfristige Kursschwankungen, die Sie ohnehin nicht vorhersehen können, nicht locker wegstecken können, dann ist Ihr Depot spekulativ überhöht.

Das häufige Abhören von Börsennachrichten zeitigt jedenfalls keine besseren Ergebnisse.

43.

Wenn in Amerika viele Anleger an Nachmittagen fieberhaft auf neue Konjunkturzahlen warten, dann muss dies doch wohl etwas nützen?

Nein, es nützt nichts. Die vermeintlich Superschnellen glauben das allerdings. Kaum ist eine Meldung da und die Zahlen lauten etwas anders, als allgemein erwartet wurde, wollen sie noch rechtzeitig dabei sein, um von einer erwarteten Kauf- oder Verkaufswelle beim Dollar, bei Anleihen oder Aktien zu profitieren. Oft dreht sich das Geschehen nach einer Stunde schon wieder, weil dann »Experten« auf den Plan treten, die die Zahlen vollkommen anders interpretieren. Und keinen interessiert es mehr, wenn womöglich einige Wochen später die »vorläufigen Zahlen« wieder korrigiert werden.

Manche Anleger brauchen offenbar Jahrzehnte, um zu erkennen, dass sie mit kurzfristigen Spekulationen und der Fixierung auf Tagesereignisse, -zahlen und -stimmungen keinen Blumentopf gewinnen können. Hier ist unbedingt etwas mehr Gelassenheit erforderlich. Wo kämen wir hin, wenn wir etwa auf die täglich wechselnden Zahlen aus New York ständig mit einem hektischen »Rein und Raus« reagierten!

→ *Siehe auch Nr. 89.*

44.
Welchen Wert haben aktuelle Zahlen und Ereignisse für den Anleger?

Ereignisse, die zusätzlich noch durch widersprüchliche Konjunkturzahlen aus den USA begleitet werden, lösen weltweit bei den meisten Anlegern Wechselbäder der Gefühle aus. Die Stimmungen schwanken von Angstzuständen bis Euphorie, je nachdem, wie die neuesten Konjunkturzahlen ausfallen. Aber wer sich durch die kurzfristig oft widersprüchlichen Ereignisse und Zahlen in Panik versetzen lässt, ist selbst schuld. Denn mit etwas Abstand, am besten sogar ein paar Wochen Urlaub, lässt sich das Börsengeschehen sehr viel klarer erfassen als mit dem stündlichen Abhören von Zahlen und vergänglichen Kommentaren.

Machen wir uns nichts vor: Wir alle werden beeinflusst von der Art und Weise, wie aktuelle Zahlen an der Börse aufgenommen und interpretiert werden. Was wirklich wichtig wäre, erfahren wir oft gar nicht rechtzeitig. Dass trotz Insiderregeln an den internationalen Börsen oft wichtige Informationen zurückgehalten oder verfälscht werden oder unwahre Gerüchte verbreitet werden, gehört zum Alltag. Die Medien werden oft benutzt, um Kurse nach oben zu pushen oder zu drücken, je nach Interesse des Informanten.

45.

Gibt es Beispiele von Anlegerbeeinflussung über die Medien, damit sich Insider ein Schnäppchen sichern konnten?

1991 entließ die Deutsche Bank den Leiter ihres Optionsscheinhandels, weil er Insidergeschäfte mit Papieren getätigt hatte, die er anschließend in der »Telebörse« empfahl.

1998 wurde gegen den Herausgeber eines Börsenbriefs unter dem Verdacht ermittelt, er habe Empfehlungen zum »Neuen Markt«, die er abends in der 3SAT-Börse vorstellte, vorher ausgewählten Personen zur Kenntnis gegeben und sich dabei auch selbst engagiert. Die ahnungslosen Zuschauer jubelten dann am nächsten Börsentag die Kurse nach oben. Leider konnte man dem Journalisten juristisch nichts anhaben; er hatte die Aktien ja auch früher schon einmal empfohlen und war streng genommen auch kein »Insider«. Aber zweifellos standen dem Betreffenden mit freundlicher Hilfe des Börsenfernsehens alle Möglichkeiten zur Kursbeeinflussung offen.

Der britische Schriftsteller Daniel Defoe meinte schon im achtzehnten Jahrhundert, der Aktienhandel sei »auf Betrug gegründet, von Täuschungen getragen, durch Betrügerei, Schmeichelei, Fälschungen, unwahre Gerüchte und alle Arten von Blendwerk genährt«.

46.

Wie kann man sich den Tagesstimmungen entziehen?

Nur mit Hilfe des nötigen zeitlichen Abstands wird man zwischen Stimmung und Wirklichkeit an den Weltmärkten unterscheiden können. Befindet sich die Stimmung wie etwa Mitte März 2008 auf dem Nullpunkt, so hören und lesen Sie in den Medien fast nur noch pessimistische Kommentare zu allen möglichen Krisenherden der Welt, seien es Kreditzusammenbrüche in den USA, Asien oder Europa selbst. Sollten diese Horrorvisionen bei Ihnen den Eindruck erwecken, das Ende allen Wohlstands sei nun gekommen, Bank- und Unternehmenszusammenbrüche stünden uns serienweise bevor, die Weltkonjunktur, die Unternehmenslandschaft und das Finanzwesen endeten nun unausweichlich im Chaos, dann sind wir vermutlich am tiefsten Punkt der Aktienbaisse angelangt.

Auf eine Aktienbaisse muss übrigens nicht zwingend eine Wirtschaftskrise folgen. Kursstürze können sich auch aus einer Eigendynamik der Börse entwickeln, wenn notwendige Korrekturen zu hoher Kurse auf Grund von Panikverkäufen der Großspekulanten am Terminmarkt zu einer crashähnlichen Situation führen. Denken Sie etwa an 1987 zurück, als die europäischen Börsen von Oktober 1987 bis Januar 1988 rund 40 Prozent ihres Kurswertes verloren. Erinnern Sie sich an eine nachfolgende Wirtschaftskrise? Es gab keine! (Die Weltrezession von 1991–1993 trat erst ein, als die Kurse längst wieder neue Höchststände erreicht hatten.) Die Gefahren, die einem die Crash-Propheten gerne einreden wollen, lösen sich sehr oft im Nichts auf.

47.

Wenn die Terminbörsen so große Gewinnchancen bieten, warum sollte man sie nach Abwägung aller Risiken nicht nutzen?

An der Börse gibt es risikofreudige und extrem vorsichtige Teilnehmer. Sollten Sie zu der ersteren Gruppe gehören, denken Sie immer daran, dass die Erhaltung Ihres Kapitals absoluten Vorrang vor der Wahrnehmung möglicher Chancen hat. An den Terminmärkten handeln viele Teilnehmer mit weit höheren Summen, als es ihrem Eigenkapital entspricht. Riskieren sie zu viel, dann genügt eine einzige Fehlentscheidung, um künftige Börsenchancen nicht mehr wahrnehmen zu können – weil nichts mehr da ist, was man vermehren könnte.

Vergessen Sie daher nie, dass es die Börse auch morgen gibt und sich immer wieder neue Chancen bieten. Sie haben es nicht nötig, wegen einer angeblich todsicheren Gelegenheit alles aufs Spiel zu setzen.

→ *Zu den Terminbörsen siehe auch Nr. 21–25.*

48.

Sind die internationalen Finanzmärkte nicht ein reines Spielkasino geworden?

Ja, in vielerlei Hinsicht. Verursacher ist die internationale Großspekulation, die unter dem Druck von Erfolgsquoten an den Terminmärkten gigantische Devisen-, Anleihe- und Aktien-Futuregeschäfte betreibt. Sehr richtig führte das *Handelsblatt* am 9. Oktober 1998 aus, dass eine Bedrohung der Finanzmärkte nicht nur von einigen notleidenden Krediten herrühre, sondern von den ungebremsten riesigen Kapitalströmen ausgehe, die täglich mit Hilfe der neuen Finanzinstrumente um den Globus fließen. Da wird hemmungslos gezockt, enorme Risiken werden aufgebaut, und eine Kontrolle gibt es praktisch nicht.

Die starken Ausschläge nach oben und unten, die 1997 und 1998 bei den europäischen Aktienindizes sowie beim Dollar-Yen-Verhältnis zu beobachten waren, gingen auf die Transaktionen der großen US-Investmentbanken zurück. Deren Möglichkeit, über Futures und Optionen mit einer ungeheuren Hebelwirkung große Summen zu bewegen und so die Terminmärkte künstlich aufzublähen, führte seit Mitte der neunziger Jahre immer mehr dazu, dass sich die Börsen anders entwickelten, als wir dies früher gewohnt waren. Noch vor 20 bis 25 Jahren wurden die Börsen durch die großen Fonds bewegt, deren Manager auch einmal »antizyklisch« reagierten, wenn ihnen eine Kursentwicklung übertrieben erschien, sowohl nach oben als auch nach unten.

Heute sitzen junge Angestellte an den entsprechenden Schalthebeln, stehen unter einem ungeheuren Erfolgsdruck, handeln ausschließlich prozyklisch, also *mit* dem bestehenden Trend, und *verstärken* damit die Bewegungen der Märkte. Sie sagen sich bei offenkundigen Übertreibungen, mit dem Umsatteln habe es ja wohl noch Zeit. Auf Knopfdruck sei man schließlich gleich wieder dabei, wenn es gelte, die Richtung zu wechseln. Kommt man zu früh und setzt sich der bisherige Trend noch fort, so die Befürchtung, ist man seinen hochdotierten Posten womöglich schnell los.

→ *Siehe auch Nr. 90.*

49.

Wie sollte sich der Privatanleger verhalten, wenn die Börse »verrückt spielt«?

Privatanleger haben nach wie vor gute Chancen an den Aktienmärkten. Sie müssen allerdings, und dies gilt künftig noch viel stärker als in der Vergangenheit, einige Regeln beherzigen:

a) Versuchen Sie nicht, das Spiel der Großspekulanten mitzuspielen. Lassen Sie Ihre Finger weg von kurzfristigen Geschäften, Futures oder Optionsscheinen auf Aktien, Aktienindizes, Anleihen oder Devisen. Solche Instrumente dürfen ausschießlich der *Absicherung* dienen, nicht der Spekulation. Sie kommen meist zu spät, wenn Sie hier mitmischen wollen (→ *siehe auch Nr. 21–25, 45 und 48*).

b) Verlassen Sie sich nicht ausschließlich auf die Signale der weltweiten Zinsentwicklung. Nach einer hohen Ausweitung der Geldmenge und Anleihezinsen nur noch um 3–4 Prozent reagiert der Aktienmarkt auch auf Konjunktur-Erwartungen. Daher müssen wir uns künftig auch wieder stärker an den Trends der internationalen Aktienindizes selbst orientieren; sie müssen stets im Auge behalten werden (→ *siehe dazu Nr. 137–140*).

c) Auch wird zu gegebener Zeit antizyklisches Handeln erforderlich sein.

Überprüfen Sie regelmäßig, ob in der aktuellen Situation Aktien oder Anleihen beziehungsweise Festgelder rentabler sind. Wenn, wie im März 2008, wichtige europäische Aktienindizes rund 20 Prozent eingebüßt haben und einzelne große Standardwerte wie Allianz, BASF, Deutsche Bank und Lufthansa bereits deutlich mehr Dividendenrendite bieten als am

Festgeldmarkt erhältlich ist, dann dürfte die Frage nach der richtigen Geldanlage wohl eindeutig beantwortbar sein.

50.
Warum gehen kurzfristige Spekulationen meistens schief?

Bekanntlich wird die konservative Börsenstrategie – das Kaufen von Anleihen und Aktien bei anschließendem geduldigem Warten auf Kursgewinne beziehungsweise auf die nächste Chance zum Einstieg – von vielen Börsenteilnehmern als langweilig empfunden. Die oftmals starken Schwankungen an den Börsen sind verführerisch für Anleger, die gern kurzfristig spekulieren, einmal auf steigende, dann wieder auf fallende Kurse, und die dazu die Instrumente der Terminbörsen nutzen.

Im Nachhinein sieht ja auch alles kinderleicht aus. »Hast du gesehen, wie der DAX am 11. März eine kleine Doppelspitze gebildet hat? Das war doch klar, das hat man doch wissen können, dass er jetzt fallen musste!« – »Hast du gesehen, wie der Dow Jones-Index am 12. März um 160 Punkte nach unten gesaust ist und sich dann wieder kräftig erholt hat? Das war doch alles absehbar! Solche Bewegungen werde ich künftig nutzen!«

Rückblicke dieser Art sind für jeden Anleger eine heimtückische Falle, besonders aber für *sensible* Menschen, die ein gutes Gespür für die *momentane* Stimmung, aber ein schwaches Gedächtnis für *zurückliegende* Stimmungen haben. Man redet sich ein, dass das Gefühl einem schon zuverlässig sage, wohin die Börse kurzfristig geht. Doch gerade dann, wenn man ein gutes Gefühl für Stimmungen hat, ist die Chance, kurzfristig richtig zu liegen, viel geringer als 50 Prozent!

51.

Was kann man tun, um als Aktionär ruhiger schlafen zu können?

Die Börsenbewegungen waren in den vergangenen Jahren recht hektisch und aufregend. Wer Aktien besitzt, sollte daher niemals unter Verkaufszwang stehen und nur solche Beträge in Aktien investieren, die er in den nächsten Jahren nicht für andere Zwecke benötigt. In kritischen Phasen kann neben einer Reduzierung des Aktienanteils im Depot auch der Tausch von hoch bewerteten, spekulativen Titeln in niedrig bewertete Standardaktien sehr hilfreich sein. Solche Aktien kann man auch bei überraschenden Kursrückschlägen notfalls unangetastet lassen, ohne befürchten zu müssen, der Wert könnte ins Bodenlose fallen, wie es ja bei riskanten Nebenwerten tatsächlich oft vorkommt. Es ist einfach beruhigend zu wissen, dass man sich aus spekulativ überreizten Werten bewusst zurückgezogen hat. Selbst im Fall einer überraschenden Baisse kann man sich sagen, dass man ja nicht zu »Mondkursen« gekauft hat und daher früher oder später wieder die Einstiegskurse erreichen wird.

52.

Besitzt ein Anleger, der schon auf eine langjährige Börsenerfahrung zurückblicken kann, gegenüber dem Börsenneuling entscheidende Vorteile?

Erfahrung ist immer hilfreich, aber man kann sich als Anfänger ja auch die Erfahrung Anderer zunutze machen. Außerdem lernt man nie aus. An einem altdeutschen Weinhaus in Spittal/ Kärnten findet sich folgende Inschrift:

»Am Abend wird man klug für den vergangnen Tag,
doch niemals klug genug für den, der kommen mag.«

Dieser Spruch gilt auch für die Börse. Jedes geglückte oder schief gelaufene Börsengeschäft vermittelt Erfahrungen, die man »beim nächsten Mal« beherzigen will. Und doch gleicht keine Börsensituation der anderen aufs Haar. Wer meint, aus Schaden klug geworden zu sein und nun für alle Zeiten das Börsengeschehen durchschaut zu haben, wird in der nächsten kritischen Situation eines Besseren belehrt – einfach deshalb, weil sie wiederum neue Aspekte bietet.

Wie oft haben Börsianer etwa schon erfahren müssen, wie wichtig es an der Aktienbörse ist, dem Zinstrend zu folgen! Wie viel Geld wurde schon verloren, weil man bei steigenden Zinsen nicht rechtzeitig ausgestiegen war! Im Jahr 2001 halfen diese Erfahrungen nicht: Die Aktienbörsen der Welt stürzten bei *sinkenden* Zinsen in den Keller.

Natürlich wird der Börsenteilnehmer laufend aus seinen Erfahrungen lernen. Aber letzte Sicherheiten, so erfährt er immer wieder, wird er niemals erlangen können. Es hilft nur, in keiner Lage zu viel zu riskieren. Das Leben muss auch dann weitergehen können, wenn ein Börsengeschäft einmal völlig danebengeht.

53.
Was ist die wichtigste Regel für den Börsenerfolg?

Der Trend ist dein Freund, sagt ein altes Sprichwort. Das ist die Grundlage für den Erfolg an der Börse. Der Anfänger kann nach einem Börsenerfolg meist sein Glück nicht fassen. Er sichert schnell seinen Gewinn, ehe es sich die Börse überlegt und in die andere Richtung marschiert. Er hofft, dann zu günstigeren Kursen erneut einsteigen zu können. Aber woher bezieht er die Gewissheit, den richtigen Zeitpunkt für den vermeintlichen Rückschlag erkannt zu haben? Die Börse tut ihm nicht den Gefallen, dann zu reagieren, wenn er verkauft hat. Sie folgt weiter dem Trend. Erst dann, wenn unser Anfänger verzweifelt zum Höchstkurs zurückgekauft hat, beginnt sie mit der lang erwarteten Korrektur.

Bei Verlusten wird umgekehrt häufig der Fehler gemacht, dass Aktien zu lange gehalten werden, in der Annahme, zum Verkauf sei es nun ohnehin zu spät, und »schlimmer kann es ja nicht mehr kommen«.

Das täuscht: Abwärtstrends verstärken sich in der Regel: Die Kurse fallen, Anleger geben Fondsanteile zurück, die Fondsmanager müssen zur Auszahlung Aktien verkaufen, die Kurse fallen weiter. Auf diese Weise entsteht ein sich selbst verstärkender Abwärtssog, der sehr viel weiter reichen kann, als der Kleinanleger glaubt.

54.

Sollte man offenkundige Fehlentscheidungen schnell korrigieren oder lieber abwarten und durchhalten?

Gehören Sie auch zu den Menschen, denen es außerordentlich schwer fällt, eine einmal getroffene Entscheidung zu korrigieren? An der Börse sind Sie dazu andauernd gezwungen. Spätestens dann, wenn Sie erkennen, dass die von Ihnen gekaufte Aktie nicht mehr die in sie gesetzten Erwartungen erfüllt, sollten Sie sich von ihr trennen. Dabei müssen Sie nicht jeder Meinungsänderung von Analysten hinsichtlich der Gewinnschätzung sofort folgen. Es kann durchaus gute Gründe geben, eine Aktie zu behalten, nachdem beflissene Fondsmanager sie wegen eines schlechteren Quartalsergebnisses hektisch verkauft haben. Bleibt eine Aktie aber monatelang hinter der allgemeinen Kursentwicklung zurück, dann sollten Sie nicht zögern, sie umzutauschen.

Man kann es in einem Satz so formulieren: Handeln Sie, wenn der erwartete Trend nicht mehr stimmt!

55.

Warum fällt die Korrektur von Fehlentscheidungen so schwer?

In der Schule wurde uns gelehrt, das Begehen von Fehlern, die wir später korrigieren müssen, als Schande anzusehen. Als Börsenteilnehmer sind wir immer wieder gezwungen, getroffene Entscheidungen zu ändern, ohne dass wir uns dies als Korrektur von Fehlern anrechnen müssten. Die Märkte sind nun einmal nicht statisch, sondern dynamisch, und neue Situationen erfordern neue Reaktionen. So werden wir zwar stets sorgfältig prüfen müssen, ob eine bereits getroffene Entscheidung für eine Aktie, ein Land oder eine Branche wirklich revidiert werden muss. Aber wir müssen korrigieren, wenn die Voraussetzung, unter der wir einst gehandelt hatten, nicht mehr vorliegt. Das gilt auch dann, wenn wir eine Position mit Verlust beenden müssen. Wer aus dem Bedürfnis heraus, immer recht zu behalten, niemals korrigiert, zeigt nur seine Starrheit und Unbeweglichkeit und wird an der Börse niemals größere Erfolge verzeichnen können.

56.

Wie lange soll man dem Börsengeschehen zusehen, wenn man nicht oder in der falschen Richtung an der Börse engagiert ist?

Man sollte immer zwischen Tagestrend und »mittelfristigem Trend« unterscheiden. Ersterer ist völlig unwichtig, beeinflusst den Anleger aber weitaus stärker. Er setzt den Anleger unter Druck, weil dieser vermutet, dass sich die betreffende Tagesbewegung in gleicher Weise fortsetzen wird. Nachrichten, die einen Tagestrend begleiten, verstärken beim Beobachter zusätzlich die Gewissheit, dass es höchste Zeit zum Handeln sei.

Das ist psychologisch ohne weiteres verständlich. Wenn wir einen PKW beobachten, der mit 50 km/h eine Straße entlangfährt, dann rechnen wir damit, dass er innerhalb der nächsten halben Minute weitere rund vierhundert Meter in der gleichen Richtung zurücklegen wird.

Ähnliche Rückschlüsse drängen sich dem Börsenbeobachter

auf: »Wenn der DAX gestern bei 5 000 Punkten war und heute bei 5 200 Punkten liegt, dann steht er wohl morgen bei 5 400. Also höchste Zeit zum Einstieg.«

In der Regel ist es aber ein Fehler, Tagestrends an der Börse einfach fortzuschreiben. Zwar ist eine Fortsetzung einer Bewegung in dieselbe Richtung möglich, sehr viel häufiger kommt es jedoch erst einmal zu einer Pendelbewegung in die andere Richtung.

Man vergleiche daher Tagestrends nie mit einem fahrenden Auto, dessen Richtung man meint berechnen zu können, sondern eher mit einer sehr unregelmäßig hin und her schwingenden Schaukel!

→ *Zur Frage des Timings siehe auch Nr. 103, 107 und 108.*

57.

Ist es nicht möglich, mittels vernünftiger Logik zu erkennen, wann man kaufen kann, wie weit eine Bewegung reicht und wo es gefährlich wird?

Das kommt darauf an, was man unter einer »vernünftigen Logik« versteht. Einem System oder bestimmten Indikatoren zu folgen, die sich nachweislich bewährt haben, ist richtig. Aber ein Gefühl der Art »Ich kann mir nicht vorstellen, dass...« ist immer ein schlechtes Argument.

Ob es sich nun um eine Bewegung des US-Dollars nach oben oder unten, eine unerwartet starke Aktienbaisse oder um eine steile Aufwärtsbewegung einer Aktie oder eines Aktienindex handelt, man argumentiere nie damit, dass es »so nicht weitergehen« könne.

Insbesondere bewährt sich immer wieder von neuem die Regel: »Niemals auf Verdacht in einen fallenden Markt gehen, nur weil man sich tiefere Kurse nicht vorstellen kann.« Börsianer erfanden hier einen noch drastischeren Spruch: »Greife niemals in ein fallendes Messer!«

Solange die Zinsen steigen oder das Währungsgefüge einer Weltregion aus den Fugen gerät, können Aktien jederzeit weiter fallen, selbst wenn das bereits erreichte niedrige Kursniveau dem Anleger als völlig absurd erscheinen mag.

58.
Wie wappnet sich der Anleger gegen den sogenannten »Flaschenhalseffekt«, der dadurch entsteht, dass alle immer gleichzeitig ein- und aussteigen wollen?

Lassen Sie sich nicht vom Herdentrieb jagen! Angst und Gier sind stets die Ursache kurzfristiger Überreaktionen an der Börse. Herrscht an den Börsen eitel Sonnenschein und setzt alle Welt voraus, dass sich die Kurse im Durchschnitt alle paar Jahre verdoppeln, dann ist es höchste Zeit, besonders vorsichtig zu werden und Augen und Ohren für Warnsignale offen zu halten.

Liegen zum Beispiel die meisten Aktienindizes 20 Prozent und mehr über ihren 200-Tage-Durchschnitten (→ *siehe dazu auch Nr. 137–139)*, müssen die Depots krisensicher gemacht werden. Der Aktienanteil im Depot darf dann nicht mehr als 30 bis 40 Prozent betragen. Die Jahre 1998, 2001 und 2008 haben gezeigt, dass die internationale Großspekulation, wenn sie zum Ausstieg entschlossen ist, diesen sogar bei sinkenden Zinsen und genügend Liquidität blitzschnell durchführt, ohne dass die Möglichkeit besteht, halbwegs glimpflich davonzu-kommen (→ *siehe dazu auch Nr. 134–136)*.

Ist die Stimmung hingegen auf dem Nullpunkt und können Sie, wie etwa im März 2003, überall hören und lesen, dass jede Kurserholung des Aktienmarktes nur kurzfristig sein könne, dann machen Sie sich zum Einstieg bereit.

59.

Was ist mit dem geflügelten Wort von den »zittrigen« und »starken« Händen an der Börse gemeint?

Dieses Bild stammt von dem inzwischen verstorbenen Exil-ungarn André Kostolany. Er hat einmal das Börsengeschehen mit einem Wechselspiel von »starken Händen« und »zittrigen Händen« verglichen. »Starke Hände« kaufen, wenn die Kurse niedrig sind. Sie haben Geld, und sie haben Zeit. Notfalls war-ten sie monatelang geduldig auf den Börsenaufschwung und nehmen auch in Kauf, wenn sich die Kurse unter ihren Ein-stiegspreisen bewegen. Sie wissen, dass ihre Zeit kommt.

Erst wenn die Stimmung umgeschlagen ist, wenn das breite Publikum kauft, wenn viele Anleger der Meinung sind, dass es nur noch aufwärts gehen könne, wenn die Kurse um 40 Pro-zent und mehr gestiegen sind, dann geben die »starken Hände« ihre Aktien ab.

Danach sind die Aktien im Besitz von »zittrigen Händen«. Sie haben wenig Geld, haben möglicherweise auf Kredit gekauft oder gar Optionsscheine erworben, »weil man da mit wenig Geld viel machen kann«. Sie sind ungeduldig, aber auch ängstlich, jederzeit bereit, bei den ersten Anzeichen einer Krise wieder zu verkaufen. Im Grunde hatten sie nie vor, ihre

Aktien länger zu halten. Sie haben sich nur von der positiven Stimmung anstecken lassen und wollten noch schnell auf den fahrenden Börsenzug aufspringen.

Es sind nicht die angeblich zu schwachen Nerven der Anleger mit »zittrigen Händen«, die schuld sind an deren ständigem Missgeschick an der Börse. Es ist der zu hohe *Einsatz,* der sie belastet und nicht mehr ruhig und überlegen die Lage analysieren lässt. Sie können sich schlicht auch nur kurzfristige Verluste nicht leisten, weil es für sie um zu viel Geld geht.

60.

Sind Kleinanleger die »Zittrigen« und Großanleger die »Starken«?

Früher schloss man an der Börse bei Anlegern mit schwachem Nervenkostüm und »zittrigen Händen« sofort auf Börsenneulinge, die in ihrer Unerfahrenheit besonders leicht Stimmungsschwankungen unterliegen. Die »Hartgesottenen«, die »starken Hände«, setzte man mit den erfahrenen Fondsmanagern gleich, die angeblich genau wissen, wann es sich lohnt einzusteigen, und wann Kasse zu machen ist.

Dieses Pauschalbild stimmt längst nicht mehr. Bei den Kursstürzen im Sommer 2002 und im März 2003 war klar zu beobachten, dass die Kurseinbrüche vom *Terminmarkt* ausgingen, an dem in der Regel wenig Privatanleger, aber umso mehr Geldmanager im Auftrag von Fondsgesellschaften und Banken handeln. Das Verhalten dieser Geldmanager ist unberechenbar geworden, weil sie zu viel Verantwortung tragen und stets den Unmut ihrer Vorgesetzten fürchten müssen, wenn sie auf Börsenbewegungen nicht sogleich reagieren. Anstatt ruhig einzusammeln, was nervöse Privatanleger überhastet wegwerfen, verstärken die »zittrigen Fondsmanager« die kurzfristigen Schwankungen noch – nur um sich nicht dem Vorwurf aussetzen zu müssen, sie seien untätig gewesen. Nicht der hohe Einsatz belastet diese »zittrigen Hände«, sondern die Angst um ihren Job.

61.

Wird nicht sehr häufig im Nachhinein deutlich, dass eine Börsenbewegung einfach »fällig« war und man dies hätte erkennen müssen?

Das nachträgliche Gefühl »Ich sah es kommen« beruht auf einer Illusion. Offenbar kann sich der menschliche Verstand nicht damit abfinden, dass die meisten im Leben eingetretenen Ereignisse auch einen ganz anderen Verlauf hätten nehmen können. Sobald ein überraschender Kurssturz oder eine gewaltige Hausse eingesetzt hat, bildet man sich ein, dies zumindest geahnt, wenn nicht gar sicher gewusst zu haben. In diesem Moment ist man gar nicht mehr fähig, sich wirklich in die Situation *vor* dem Ereignis hineinzuversetzen. Die Börsenentwicklung erscheint einem nun, nach Eintritt des Ereignisses, so unvermeidlich, dass man sich eine mögliche alternative Entwicklung nicht mehr vorstellen kann.

Trauen Sie also auch bei einer solchen nachträglichen Betrachtung nicht Ihrem Gefühl! Dies verleitet nur dazu, sich künftig mehr auf das Gefühl als auf seine Analysemethoden zu verlassen.

Finden wir uns damit ab, dass wir keine Hellseher sind und dass bestimmte Entwicklungen einfach nicht vorhersehbar waren.

62.

Was ist von den Behauptungen vieler Kommentatoren zu halten, sie hätten die letzte Hausse oder Baisse richtig vorhergesagt?

Glauben Sie solchen Behauptungen nur, wenn Sie das Original der angeblich richtigen Prognose in den Händen halten!

Viele Börsenbriefschreiber neigen dazu, ihre veröffentlichten Kommentare hinterher so zu interpretieren, als hätten sie alles vorausgesehen und – im Falle einer Baisse – selbstverständlich vor dieser gewarnt. Man findet nach einem Börsensturz fast keinen Kommentator, der zugeben würde, dass er eine Hausse erwartet und sich somit vollkommen geirrt habe. Das ist keineswegs bewusste »Geschichtsklitterung«, sondern zeugt eher von »gekonnter Verdrängung«. Denn kein Mensch möchte gern als inkompetenter Berater gelten.

Ähnliche Beobachtungen haben auch Forschungen erbracht, bei denen Ärzte eine Diagnose mit Hilfe von Fallbeispielen erstellen sollten. Als ihnen schließlich der angeblich »richtige« Befund mitgeteilt wurde, interpretierten die Ärzte ihre vorherige Diagnose sofort so, als hätten sie »im Grunde« schon immer zu diesem Befund geneigt.

Man sollte aber aus diesem Phänomen lernen, Unsicherheiten und Risikofaktoren zu akzeptieren, statt sie im Nachhinein einfach zu verdrängen. Nicht alles, was an der Börse plausibel erscheint, muss sich zwingend auch so ereignen.

63.

Warum gebrauchen Börsianer bei Nachbetrachtungen so oft die Vokabeln »wenn« und »hätte«?

Berufsmäßige Börsianer tun dies nur selten. Meist klagen vielmehr Börsen*laien* über verpasste Gelegenheiten und Chancen. Die Profis können damit leben, dass man vieles beim besten Willen nicht vorhersehen konnte. Man verpasst ständig gute Gelegenheiten: beim Dollar, bei der Zinsentwicklung oder bei plötzlichen Kurssprüngen von Aktien.

Das ist aber unvermeidlich. Man kann nicht auf jeden fahrenden Zug aufspringen, weil man eben nicht immer ahnen kann, wohin er fährt. Wozu sollte man sich dann im Nachhinein Vorwürfe machen, sich quälen oder ärgern?

Etwas anders liegt der Fall, wenn ich gegen eine allseits bekannte Börsenregel verstoßen habe. Das gilt zum Beispiel, wenn ich aus einer gewissen Stimmungslage heraus eine Aktie kaufe, die eindeutig schlecht im Trend liegt und von der ich eigentlich vermuten müsste, dass sie weiter fällt. Kaufe ich sie dennoch, dann ärgere ich mich Monate später zu Recht, wenn ich tief im Verlust liege. Denn ich habe gegen eine Regel verstoßen, die mir bekannt war, nur weil ich in diesem Augenblick noch schlauer sein wollte als alle Börsenerfahrungen. Dann darf ich sehr wohl sagen: »Hätte ich mich nur an die simple Regel gehalten, dass man nicht in ein fallendes Messer greift!«

64.

Warum erleiden gerade sensible Menschen so oft Schiffbruch an der Börse?

Einerseits sollte man zwar meinen, dass dieser Gruppe ihr Gefühl und ihre Intuition zugute kommen müsste. Aber die Börse ist eben selbst auch sehr sensibel. Sie hat die jeweilige Stimmungslage voll in ihren Kursen integriert. Alles, was diese Stimmungslage bestätigt, wird sie kaum mehr bewegen. Aber auf jede *neue, gegenteilige* Nachricht reagiert sie oft sehr heftig.

Das ist der Hauptgrund, warum manche Anleger so viel »Pech« an der Börse haben. Kaum entschließen sie sich, etwas zu tun – schon geht es schief.

»Ich habe den Verdacht, dass da irgendein großer Bruder sitzt, der nur darauf lauert, dass ich einsteige, egal ob ich auf steigende oder fallende Kurse spekuliere, und er sorgt dafür, dass sofort das Gegenteil dessen passiert, worauf ich gesetzt habe.« So formulierte das einmal ein Aktionär.

Es gibt keinen großen Bruder, aber auch keinen Zufall. Die Chancen für empfindsame Anleger, genau das Falsche zu tun, liegen aus den genannten Gründen bei rund 80 Prozent.

Das Gegenrezept lautet: Nicht täglich Börsennachrichten hören und lesen, keinen Stimmungen nachgeben, nur wirklich objektive Signale registrieren und danach entschlossen vorgehen!

Teil III

Mikrokosmos Börse: Einflussgrößen, Indikatoren und Signale

65.

Was war die Hauptursache der jahrelangen Superhausse, die die Aktienmärkte in den USA und Europa von 1995 bis 2000 bewegte?

Die Rohstoff- und Erzeugerpreise verzeichneten jahrelang ein immer niedrigeres Niveau, und dies bei stabilem Wirtschaftswachstum. Der Goldpreis, in den siebziger und achtziger Jahren Krisenbarometer der Inflation, brach zusammen. Die Zentralbanken der Niederlande und Australiens verkauften massenhaft Gold. Das war verständlich, denn bei nahezu inflationsfreiem Wachstum ist Gold nur noch ein hübscher Metallrohstoff, verwendbar in der Zahnmedizin oder zur Herstellung von Schmuck, aber als Instrument zur Inflationsabsicherung überflüssig. Dasselbe gilt für *Immobilien*, die bei inflationsfreiem Wachstum nur noch als Gebrauchsgüter zum Wohnen und Arbeiten dienen, sich dabei abnutzen und an Wert verlieren. Man wird nachträglich den Kopf darüber schütteln, dass Anleger einmal der Meinung sein konnten, eine Wohnung könne mit der Zeit im Wert nur steigen. Roger Bootle stellte 1997 in seinem Werk »Das Ende der Inflation« sehr richtig fest, dass hier noch umgelernt werden muss.

Monat für Monat meldeten immer weitere Länder neue Zinstiefs bei den Anleiherenditen. Für deutsche Anleger bedeutete es eine große Umgewöhnung, nun mit »schweizerischen« Renditen bei zehnjährigen Anleihen von 4 bis 5 Prozent rechnen zu müssen, nachdem man in den Hochzinsphasen der siebziger und achtziger Jahre noch 10 bis 11 Prozent bekommen hatte.

Was in den Jahrzehnten zuvor in Immobilien angelegt wurde, floss jetzt in die Aktienmärkte. Auch drängte nun zurückgehaltenes Kapital an die Börsen, weil immer mehr Kleinanleger, die bereits aus der Tagesschau der ARD von den Kursgewinnen an den Aktienmärkten erfuhren, mit den Erträgen ihrer Sparbücher unzufrieden geworden waren.

Dazu kam der Fortschritt in der Informationstechnologie: Internet und Softwarebranche weckten die Illusion eines sich immer mehr beschleunigenden Wachstums. Der Begriff »New Economy« kam auf. Alte Regeln, die bisher für das Börsengeschehen gegolten hätten, seien überholt und müssten dringend ersetzt werden.

66.

Ist die in den siebziger Jahren noch alles beherrschende Inflationsgefahr nun vorüber, und falls ja, welche Konsequenzen ergeben sich daraus für den Anleger?

Es war im Grunde der Vietnamkrieg, der seit Ende der sechziger Jahre den US-Dollar schwächte, den Ölpreis vervielfachte und für hohe Inflationsraten in den Industrieländern während der siebziger Jahre sorgte. In den achtziger Jahren besannen sich verantwortungsbewusste Ökonomen darauf, dass dies nicht so weitergehen könne. Die Staatsausgaben müssten in Grenzen gehalten werden, die Lohnsteigerungen dürften nicht höher sein als die Steigerung des Sozialproduktes, und die Geldmenge müsse kontrolliert werden. Diese Politik war dann schließlich auch von Erfolg gekrönt.

Seit Mitte der neunziger Jahre war dann sogar vom angeblichen »Tod der Inflation« die Rede. Anleger durften nicht mehr auf eine Wiederkehr der 7 bis 10 Prozent Rendite bei zehnjährigen Anleihen hoffen. Alles erinnerte an die »alten« Zeiten der fünfziger und frühen sechziger Jahre, als die Inflationsraten niedrig waren und man mit rund 4 Prozent Rendite bei langen Laufzeiten zufrieden sein musste.

Man hat für die Zeit nach dem »Tod der Inflation« den Ausdruck »Desinflation« geprägt. Im Unterschied zur »Deflation« ist die Desinflation nicht durch Geldschrumpfung, Vertrauenskrisen und wirtschaftliche Depressionen geprägt, sondern durch Wachstum und Zutrauen in die Stabilität der Währung.

Im Zeitalter der Desinflation sind Aktien die ideale Geldanlage. Man ist am Wirtschaftswachstum und an den Gewinnen der Unternehmen voll beteiligt. Immobilien sind in dieser Zeit nur für den Eigennutz ein sinnvoller Kauf, nicht aber als Anlageform. Denn automatische Wertsteigerungen durch Geldentwertung treten nicht mehr ein, und die Abnutzung führt selbstverständlich zu Wert*minderungen* – ebenso wie bei einem Gebrauchtwagen, bei dem kein Mensch auf die Idee käme, dass dieser in einigen Jahren im Wert gestiegen sein werde.

Seit einigen Jahren wächst aber erneut die Sorge, die Inflation könnte zurückkehren. Dafür gaben die ungebremste Ausweitung der US-Geldmenge und die unerwartet hohen Kosten des amerikanischen Irak-Abenteuers Anlass. Ob sich die Inflation in Grenzen hält, wird künftig sehr stark von der Ausgabendisziplin in den Euroländern und der Stabilitätspolitik der Europäischen Zentralbank abhängen.

67.

Rückt seit 1997 die Deflation, wie es das *Handelsblatt* formulierte, als neues »Gespenst« in den Vordergrund?

Jahrelang hatte man die *Inflation* als den Hauptfeind der Weltbörsen betrachtet. Seit der Verschärfung der Finanzkrisen in Ostasien und Russland in den Jahren 1997 und 1998 und erneut durch die US-Hypotheken-Kreditkrise 2007/2008 wird nun stattdessen häufig vor einer drohenden »Deflation« gewarnt. Im Gegensatz zur Inflation, die durch eine Überversorgung der Volkswirtschaft mit Geld gekennzeichnet ist, das folglich immer wertloser wird, bezeichnet Deflation eine Geldverknappung, ja Geldvernichtung.

Wir kennen Deflation aus den frühen dreißiger Jahren: *sinkende* Preise aufgrund von Nachfrageschwäche, wirtschaftliche *Schrumpfung* statt Wachstum, zunehmende *Arbeitslosigkeit*, keine Erholung von Wirtschaft und Börse trotz *Minizinsen*.

»Ich befürchte, dass Ihre Zinssignale für die Börse in den nächsten Jahren nicht mehr funktionieren werden«, schrieb mir im Herbst 1997 ein Leser. Denn es sei mit einer weltweiten Deflation zu rechnen, die ebenfalls zum Einsturz der Börsen führe und nicht durch steigende Zinsen signalisiert werde. Das Beispiel Japan zeige, dass auch extreme Zinssenkungen nicht helfen.

Mit der Einschätzung, dass die Zinssignale 1997/98 nicht mehr so zuverlässig waren wie früher, hatte der Leser Recht. Eine deflationäre Entwicklung im klassischen Sinn drohte aber in diesen Jahren in den USA und Europa nie. Dass in Japan sinkende Zinsen nicht halfen, lag daran, dass die dortigen Banken ihre gesamte überschüssige Liquidität nicht an ihrer eigenen Börse, sondern in den USA investierten.

Im Grunde ist eine Deflation, sobald man sie als Gefahr erkannt hat, mit einer kräftigen Geldmengenausweitung leicht zu bekämpfen, wie im Jahr 2008 der US-Zentralbankchef Ben Bernanke zeigte. Freilich besteht dann aber wieder verstärkt die Gefahr der Inflation.

68.
Wie könnte tatsächlich eine Deflation entstehen?

Eine Deflation kann unter Umständen entstehen, wenn man Märkte mit ihren irrationalen Stimmungen nur sich selbst überlässt. Im Grunde ist Deflation die Folge einer Vertrauenskrise.

In den letzten dreißig Jahren bestand Vertrauen in das weltwirtschaftliche Zusammenspiel. Nimmt aber dieses Vertrauen immer stärker ab, zum Beispiel weil Währungs- und Aktienkurse rasant fallen, kann allein dies eine Krise auslösen, die mit dem Wort »Deflationsspirale« beschrieben wird. Ein Vertrauensschwund ergreift immer neue Länder und Märkte. Allen Werten, die nicht höchste Sicherheit bieten (ausgewiesen etwa durch das Bonitäts-Rating AAA, → *siehe Nr. 71 und 116*), droht Vernichtung wie in einem »schwarzen Loch«.

Da aber das weltweite Finanzsystem so stark zusammenhängt, werden immer weitere Unternehmen, ja ganze Länder, in dieses »schwarze Loch« hineingerissen.

In einer ersten Phase beginnt dieser Prozess vielleicht mit einzelnen Kreditinstituten, es folgen Schwellenländer in Lateinamerika, Ostasien oder Osteuropa, schließlich ganze Kontinente.

Doch der Sog der Deflationsspirale kann sich fortsetzen.

Dann würden einzelne Branchen und Unternehmen auch im bisher »sicheren« US-Dollarraum und im Eurogebiet erfasst. Absatzmärkte verschwinden, Kredite fallen aus, Banken brechen zusammen. Die Aktienkurse stürzen aufgrund der Angst der Anleger ins Bodenlose. Man kann sich aus Kapitalmangel nichts mehr leisten. Waren und Dienstleistungen werden auch zu Minipreisen nicht mehr nachgefragt, weil jeder sein noch verbliebenes Geld zusammenhält. Unternehmen müssen entlassen. Schließlich versinkt die Weltwirtschaft im Finanzchaos. Die Stunde der »Retter«, der Diktatoren, ist gekommen.

69.
Wie lässt sich eine drohende Deflation bekämpfen?

In seinem Buch »Das Ende der Inflation«, das in den neunziger Jahren erschien, weist Roger Bootle nach, dass Minizinsen von 2 bis 4 Prozent für zehnjährige Anleihen in den letzten zweihundert Jahren noch kein Hinweis auf eine drohende Deflation waren, sondern gegenüber den 6 bis 11 Prozent, die wir aus den siebziger und achtziger Jahren kennen, sehr viel häufiger auftraten. Solange die Inflation nicht wiederkehrt, werden wir wohl weiter mit sehr niedrigen Zinsen um drei bis fünf Prozent leben, was schon seit 1995 zu einer Neubewertung der Kurse an den weltweiten Aktienmärkten geführt hat. Sinkende Preise und sinkende Zinsen sind für die Wirtschaft immer gut, wenn die Märkte weiter lebendig bleiben und kein Vertrauensverlust entsteht.

Was aber tun, wenn die Desinflation in eine Deflation umzukippen droht? Nach dem Aktiencrash von 2001/2002 sprach man davon, dass eine Deflation wie seinerzeit 1929 drohe. Doch unverzüglich pumpte der amerikanische Zentralbankchef Alan Greenspan wie schon 1987 durch kräftige Zinssenkungen und den Aufkauf von US-Anleihen seitens der Zentralbank eine Riesenmenge Geld in den Markt. Die Wirtschaftskrise blieb jeweils aus.

Auch damals hieß es lange Zeit: »Man sieht doch, dass die niedrigen Zinsen nicht helfen!«

Warum aber kam die *japanische* Wirtschaft in den neunziger Jahren trotz Niedrigstzinsen von 1 bis 2 Prozent nicht auf die Beine? Die Antwort ist ganz einfach: Das überschüssige Kapital wurde nicht in Tokio, sondern in New York, London und Frankfurt investiert und kam diesen Börsen zugute! Auch hier haben die in Japan sinkenden Zinsen also zu steigenden Aktienkursen geführt. Doch bis auf wenige Ausnahmen wie Sony, Honda und Toyota konnten die Aktien des eigenen Landes nicht davon profitieren, sondern eben nur die Börsen, an denen das japanische Geld tatsächlich angelegt wurde.

70.
Bietet das Krisenmetall Gold auch einen guten Schutz vor Deflation?

Einige Analysten sind der Meinung, angesichts der Kursstürze an den Aktienmärkten sei auch Gold als sinnvoller Deflationsschutz zu betrachten. Man begründete das mit der Beobachtung, dass sich der Goldpreis in den Aktien-Krisenjahren 2001 und 2002 gut behauptet hatte. Ich sehe das nicht so. Gold hat sich in Zeiten der Geld*entwertung* als stark erwiesen, nicht aber bei Geld*knappheit*, wie wir sie in den Krisenländern und möglicherweise bedingt durch die Verluste an den Aktienmärkten der großen Industrieländer kennen. In den Jahren 2001 und 2002 fiel der Goldpreis nur deshalb nicht stärker, weil er damals bereits auf extrem niedrigem Niveau bei rund 300 Dollar/Feinunze lag.

Auch spricht die Erfahrung der letzten Jahrzehnte gegen das Gold als Deflationsschutz. Bei den schweren Kursstürzen an den Aktienmärkten im September 1974 und Oktober 1987 hat sich Gold zwar gehalten, aber nicht im Wert zugelegt (siehe dazu auch Abb. 11). Nach einigen Monaten brach dann in beiden Fällen auch der Goldpreis ein. Dies war verständlich, denn wenn nach Kursverlusten am Aktienmarkt Geld benötigt wird, sucht man dort nach Verkaufsmöglichkeiten, wo die Verluste bislang weniger hoch ausgefallen sind.

Ein fallender Goldpreis war in den vergangenen Jahrzehnten häufig ein Signal für eine bevorstehende Aktienhausse.

Dass es Anfang der dreißiger Jahre dieses Jahrhunderts überhaupt zu einer Deflation kommen konnte, lag daran, dass das knappe Geld (Kapitalvernichtung nach dem Börsencrash 1929) nicht vermehrbar war, weil es durch Gold gedeckt sein musste. Mit der Abschaffung des Goldstandards jedoch kann jede Deflation von den Zentralbanken durch die Zufuhr frischen Kapitals bekämpft werden – so wie wir es Ende 1997 und auch 2007/2008 erlebt haben. Dass mit den Zentralbankgeldern zum großen Teil »faule Kredite« zugedeckt und gestreckt werden, ist zum Erhalt des Weltfinanzsystems notwendig. Dieses funktioniert nur, solange Vertrauen in seine Funktionsfähigkeit besteht – eine Unwägbarkeit, mit der wir auch in den nächsten Jahren werden leben müssen.

71.

Wenn Börsenkrisen heute aufgrund von mangelndem Vertrauen entstehen, wie lässt sich dieses überhaupt messen?

In den USA stellen die Institute Moody's sowie Standard & Poor's regelmäßig fest, wie viel Vertrauen Anleger etwa in Staats-, Bank- und Industrieanleihen setzen sollten. Man spricht hier von dem sogenannten »Rating«, das mit Großbuchstaben oder einer Kombination aus Großbuchstaben und Zahlen angegeben wird. Das beste Moody's-Rating etwa lautet »AAA«, bei Standard & Poor's entspricht dies dem Rating »A+«. (→ *Siehe dazu in Bezug auf Unternehmen auch Nr. 116.*)

Problematisch an solchen Bewertungen ist, dass diese sich auch dann verschlechtern können, wenn der beurteilte Staat oder die betreffende Gesellschaft dies gar nicht verursacht haben, sondern schlicht die unsichere Lage schuld ist. So stuften US-Institute einige deutsche Großkonzerne im Vorfeld des Irakkriegs 2003 herunter. Man konnte sich des Eindrucks nicht erwehren, dass dies massive politische Gründe hatte. Deutschland hatte sich geweigert, am Irak-Feldzug teilzunehmen. Vertrauensverluste können nämlich auf diese Weise künstlich in die Welt gesetzt werden.

Als Warnzeichen für den Anleger eignen sich solche Rating-Änderungen schon gar nicht. Sie kommen viel zu spät und verschärfen dann sogar noch die Krise. So stufte die Rating-Agentur Moody's am 31. August 1998 die Bonität brasilianischer Auslandsanleihen von B1 auf B2 herab, zu einem Zeitpunkt, als die Nerven der US-Anleger ohnehin blank lagen. Ein Börsencrash in allen lateinamerikanischen Staaten, aber auch ein 500-Punkte-Abschlag beim Dow Jones-Index am gleichen Tag waren die Folgen dieser unbedachten Maßnahme. Als sich die Agentur Standard & Poor's dieser negativen Bewertung am 10. September anschloss, stürzten die Kurse in Lateinamerika weiter und zogen die Wall Street, die damals wegen einer Sex-Affäre Präsident Clintons ohnehin angeschlagen war, mit in die Tiefe.

Dabei hatten der Internationale Währungsfonds (IWF), die Weltbank und andere Institute den lateinamerikanischen Ländern ausdrücklich bescheinigt, dass ihre Reformbemühungen gegriffen hatten und sie auf dem Weg zur Stabilität waren. Unterstützung benötigten sie zu diesem Zeitpunkt noch nicht. Sie wurden nur infolge der unsicheren Finanzlage in anderen Regionen abgestraft.

72.

Können Kursstürze am Devisen- oder Aktienmarkt allein bereits eine Wirtschaftskrise auslösen?

Das ist umstritten, aber wohl zu bejahen. Früher gingen zahlreiche Wirtschaftstheoretiker davon aus, dass Devisen- oder Aktienkurse nur ein Spiegel der Wirtschaft seien, aber nicht selbst etwas verursachen könnten.

Doch von dieser Theorie muss man sich wohl abwenden; im Grunde wurde sie ja bereits 1929 durch den Crash an der Wall Street widerlegt.

US-Bürger zum Beispiel sind anders als Europäer stark in Aktien oder Aktienfonds engagiert. Die Kurssteigerungen der Jahre 1993 bis 2000 gaukelten ihnen einen Besitzstand vor, der nach der ersten schärferen Baisse deutlich abbröckelte. Wer nach einer solchen Baisse weniger besitzt, wird sich weniger leisten können. Allein diese Tatsache bleibt nicht ohne Folgen für die US-Konsumgüterindustrie. Auch die Abwertung von Währungen in Ostasien und Lateinamerika gegenüber dem US-Dollar führt in diesen Ländern zu geringerer Nachfrage nach Gütern aus dem US-Dollarraum. Das wiederum schadet der US-Exportindustrie, weil dann wichtige Märkte fehlen.

73.

Inwieweit sind die ostasiatischen Staaten für den Vertrauensverlust verantwortlich, der 1997 und 1998 über die Weltbörsen hereinbrach?

In den Jahren 1997 und 1998 warf man den Ländern Thailand, Korea, Indonesien und Malaysia vor, sie hätten über ihre Verhältnisse gelebt, ihr Wachstum übermäßig mit ausländischem Kapital finanziert und dabei Schiffbruch erlitten. Mag sein, dass hier damals zu leichtfertig Kredite gegeben und in Anspruch genommen wurden, weil man das starke Wachstum naiverweise für viele weitere Jahre hochrechnete.

Malaysias damaliger Premierminister Mohamad Mahathir hingegen meinte, die »Spekulanten« hätten die intakten Volkswirtschaften Südostasiens zerstört.

Zunächst erscheint ein solcher Vorwurf wie eine faule Ausrede gegenüber der eigenen überspannten wirtschaftlichen Expansionspolitik. Aber ganz abwegig ist dieser Einwand nicht.

Betrachten wir ein einfaches Beispiel: Jemand kauft ein Haus im Wert von 500 000 Euro und finanziert davon 400 000 Euro durch einen Bankkredit. Wie soll er handeln, wenn die kreditgebende Bank nach einem Jahr plötzlich erklärt, das Haus sei tatsächlich nur 200 000 Euro wert; er müsse mehr Sicherheit leisten, sonst werde das Haus zwangsverkauft? Da nützt kein Hinweis auf die bisherige pünktliche Zahlung von Zins und Tilgung, es hilft auch keine Suche nach einem anderen Kreditgeber. Das Haus wird zwangsversteigert, natürlich nur zu 200 000 Euro, weil die Schätzung der Bank als seriös gilt und angeblich den Marktverhältnissen entspreche.

Ein solches Szenario wäre freilich derzeit in Europa fast undenkbar. Aber im Grunde ist man mit den »Tigerländern« so umgegangen. Ihre Währungen wurden von der internationalen Devisenspekulation plötzlich viel niedriger bewertet – aber sie sollten ihre Schulden und Zinsen in US-Dollar tilgen.

Nun könnte man einwenden, dass eine internationale Devisenspekulation ja nicht ohne Grund so erfolgreich sei; derjenige, gegen den sie sich richte, sei wohl selbst schuld. Die Börse irre schließlich nie.

Das Gegenteil ist richtig. Die Börse irrt sich immer wieder. Sie ändert ständig ihre Bewertungen, auch hinsichtlich der Devisenkurse (→ *siehe Nr. 74).*

74.

Womit lässt sich belegen, dass sich »die Börse« ständig irrt?

Es kann doch wohl etwas nicht stimmen, wenn etwa die japanische Börse Ende 1989 den Nikkei-Aktienindex mit fast 40 000 Punkten bewertet, drei Jahre später dagegen nur noch mit 14 000 Punkten. Oder wenn die Amerikaner im Oktober 1987 ihren Dow Jones-Index mit rund 1700 Punkten bewerten, im Juli 1998 hingegen mit 9300 Punkten, einen Monat später wiederum nur noch mit 7500 Punkten. So viel kann sich im selben Zeitraum schließlich an den durchschnittlichen Gewinnen der Unternehmen nicht geändert haben.

Warum wurde der US-Dollar im Jahr 1995 nur mit 80 Yen bewertet, im Sommer 1998 hingegen fast doppelt so hoch, nämlich mit 150 Yen, im Frühjahr 2008 wiederum nur noch mit 104 Yen?

Man könnte nun einwenden, all diese Kursschwankungen beruhten auf wirtschaftlichen *Erwartungen*. Aber treffen diese Erwartungen tatsächlich zu? Nur zu einem Bruchteil.

Die Übertreibungen der Börse sind in den letzten Jahren sehr viel stärker geworden. Dafür gibt es zwei Gründe:

Erstens liefern die aufgeblähten Terminbörsen die nötigen Instrumente zum großen Spiel; jedes kleinere Institut kann mit dem Hundertfachen seines Eigenkapitals mitmischen und sich an den Terminbörsen dort engagieren, wo gerade die stärkeren Bataillone sind.

Zweitens spielen an den internationalen Devisen- und Aktienbörsen fundamentale Daten, sofern sie überhaupt noch herausgearbeitet werden, kurzfristig keine Rolle mehr, wenn die Großanleger nur noch in Trends denken und nicht den Mut haben, auch einmal antizyklisch zu handeln. Ob Kurse noch einem realen Unternehmenswert entsprechen, ob Aktiengesellschaften deutlich unter ihrem Substanzwert gehandelt werden – in der Finanzkrise 2007/2008 halbierte sich sogar der Kurs der Deutschen Bank –, das ist der Spekulation angesichts eines »intakten Abwärtstrends« völlig gleichgültig. Mehr denn je gilt die alte Börsenregel: »Die Hausse nährt die Hausse, die Baisse nährt die Baisse«. Trends werden einfach fortgeschrieben und drehen sich erst dann, wenn sie gänzlich unglaubwürdig erscheinen.

Daraus kann sich jedoch aus weltwirtschaftlicher Sicht eine

außerordentlich gefährliche Situation ergeben, weil eben die Börse nicht nur *Spiegel* der Wirtschaft ist, sondern sie auch sehr stark beeinflusst.

75.

Ist der Einfluss der Zinsen auf die Aktienkurse noch so groß wie früher?

Wenn die Anleihezinsen einige Monate gestiegen sind, verkauft man seine Aktien. Wenn sie wieder einige Monate gesunken sind, kauft man Aktien zurück. Das hat sich im zwanzigsten Jahrhundert als wichtigste Börsenregel erwiesen.

Manchmal aber schien die Regel nicht richtig zu greifen. Anfang 1994 zum Beispiel stiegen die Zinsen kräftig, aber die Aktien hielten sich bis ins Frühjahr 1995 hinein ganz wacker. Die US-Börse hatte in diesem Zeitraum, wie aus Abbildung 11 ersichtlich, sogar leicht zugelegt.

Im Februar und März 1995 drehten nun die Zinsen wieder nach unten, und die Börsianer rieben sich erstaunt die Augen, denn wo war die Aktienbaisse geblieben? Mehrere Länder meldeten im Gegenteil neue Höchststände!

Wenn die Börse den Zinsen nicht folgt, gibt es dafür meist einen oder mehrere triftige Gründe. Heute wissen wir, warum sich 1994 die Aktien bei steigenden Zinsen relativ gut gehalten haben. Es war derselbe Umstand, der auch in den kritischen Zeiten im Sommer 1996 und Frühjahr 1997 den Absturz der Börsen verhinderte: ein Anlagenotstand, bedingt durch viel flüssiges Kapital und fehlende Anlagealternativen.

Umgekehrt haben die Zinsen als Indikator beim Kurssturz der Jahre 2001 bis Frühjahr 2003 völlig versagt. Sind die

Abbildung 11: Kursentwicklung des Dow Jones-Index (USA), US-Anleiherendite und Goldpreis von 1994 bis 1998

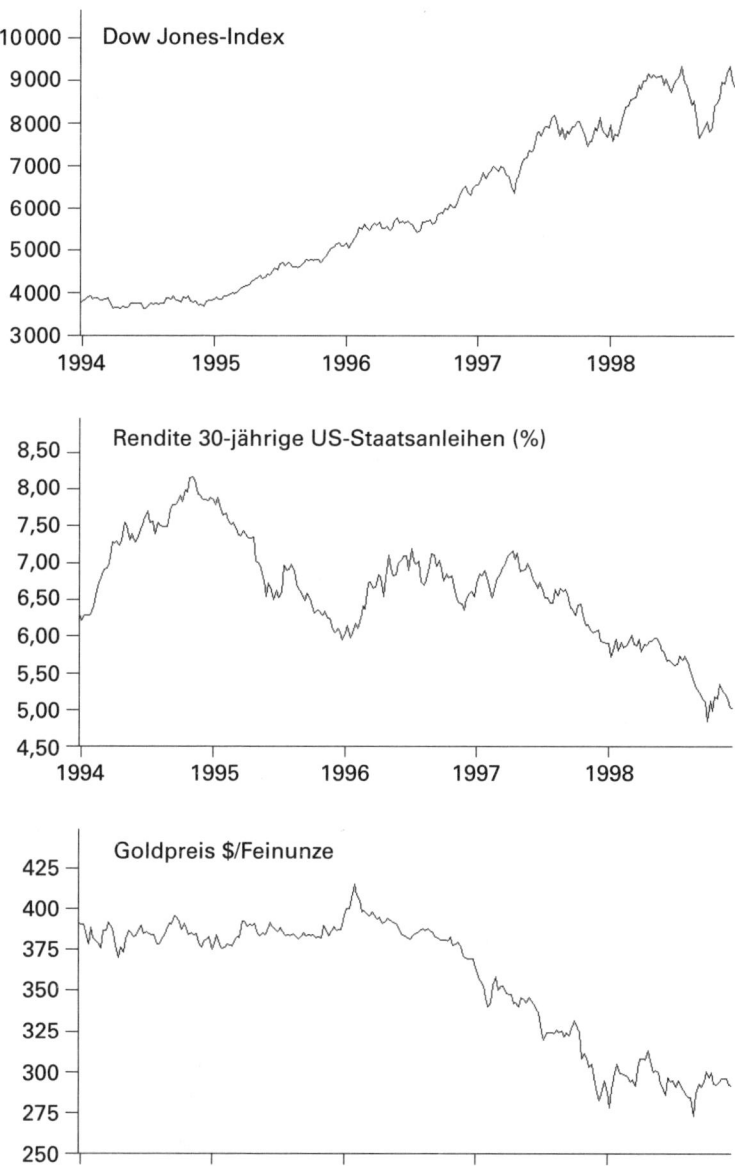

Aktienkurse den Unternehmensgewinnen zu weit davongeeilt, genügen Anlässe wie Misstrauen in veröffentlichte Daten und Bilanzen, um die Aktienindizes deutlich nach unten zu drücken. Sinkende Zinsen können da kurzfristig nicht helfen; sie greifen erst wieder, wenn die Angstverkäufe beendet sind.

76.
Warum sind sinkende Zinsen für die Aktienmärkte vorteilhaft, steigende Zinsen aber schädlich?

Im Jahre 2001 mussten die Anleger zwar erstmals im neuen Jahrhundert die Erfahrung machen, dass ihre Aktien ohne jede Vorwarnung durch steigende Zinsen von ihren Höchstständen aus im Schnitt um 30 bis 40 Prozent in die Tiefe stürzten. Dennoch musste jedem Aktionär im Grunde klar sein, dass die Aktienmärkte nur kurzfristig der Zinsentwicklung entgegenlaufen konnten:

Zinssenkungen in dem Ausmaß, wie wir sie zwischen 2001 und 2005 erlebten, sind erstens ein *hochwirksames Konjunkturprogramm*. Wenn sich Unternehmen so billig finanzieren können, hilft ihnen das mehr als staatliche Ankurbelungsprogramme zur Stützung der Nachfrage.

Zweitens: Je niedriger die Zinsen, desto weniger sind Zinspapiere (Anleihen) gegenüber Aktien attraktiv. Bei einem Zinssatz für fünfjährige Anleihen von etwa 4 Prozent ist bei Aktien ein durchschnittliches Kurs-Gewinn-Verhältnis (→ *siehe dazu Nr. 115)* von 25 (!) gerechtfertigt. Geht man davon aus, dass sich das europäische Zinsniveau längerfristig bei 4 Prozent oder niedriger bewegen wird, sind also durchaus doppelt so hohe Aktienkurse angebracht wie zu einer

Zeit, in der man noch 8 Prozent Zinsen für dieselben Anleihen bekam.

Die Zinsen bleiben also mittelfristig von großer Wichtigkeit. Wer im März 2003 nicht die Nerven verlor, sondern darauf vertraute, dass die sinkenden Zinsen auch die Aktienkurse wieder nach oben ziehen würden, sah nicht nur seine Einstiegskurse von 2001 bald wieder, sondern konnte sich etwas später sogar über hohe Kursgewinne freuen. Auch im Oktober 1998, unmittelbar nach der Asien- und Russland-Krise, hatte der DAX bereits nach drei Wochen wieder 25 Prozent zugelegt.

77.
Wann muss man an der Börse mit steigenden Zinsen rechnen?

Zinsen steigen in der Regel, wenn Inflationsgefahr droht. Der eingeengte Blick auf die Verbraucherpreise in Deutschland hilft dabei kaum. Denn es kommt auf die *weltweite* Preisentwicklung an. Zudem benötigen wir Signale, die *rechtzeitig* darauf hinweisen, dass die Preise steigen.

Wichtig ist vor allem die Höhe der *Lohnabschlüsse* in den bedeutenden Industriestaaten. Von dem Geschrei der Tarifparteien darf man sich dabei nicht beeindrucken lassen. Entscheidend ist, ob die Abschlüsse lediglich den jeweiligen Zuwachs des Bruttosozialprodukts, allenfalls noch die Preissteigerungsrate, abdecken, oder ob sie darüber hinausgehen. Das wäre ein wichtiger Hinweis auf drohende höhere Inflationsraten und, in deren Gefolge, höhere Zinsen.

Auch ein Blick auf die *Rohstoffpreise* ist hilfreich. Hierfür wurden weltweit anerkannte Indizes entwickelt, zum Beispiel der CRB-Index (→ *siehe Nr. 84)* oder der GSCI–Index. Sie enthalten die Preise sämtlicher an den Terminbörsen gehandelter Rohstoffe, wie Öl, Metalle, Kautschuk oder Agrarprodukte.

Am schnellsten aber reagiert der *Goldpreis* auf befürchtete Preissteigerungen. Denn Gold war jahrtausendelang ein bewährtes und stabiles Zahlungsmittel. Kehrte Vertrauen in die Stabilität der wichtigsten Weltwährungen zurück, fiel auch der Goldpreis wieder. Das wurde vor allem in den neunziger Jahren des 20. Jahrhunderts deutlich.

→ *Siehe dazu auch Nr. 15, 79 und 80.*

78.

Geben sinkende Inflationsraten und sinkende Zinsen keine sichere Gewähr, dass die Aktienkurse nicht fallen können?

Auch wenn die Inflationsraten weltweit niedrig sind, die schon niedrigen Zinsen weiter sinken und Aktien trotz hoher Kurse weiter gekauft werden, weil man bei Minizinsen und angesichts steigender Unternehmensgewinne in den nächsten Jahren keine bessere Anlage findet, erhöht sich nach *zu schnell* gestiegenen Kursen auch die Rückschlagsgefahr. Die Kurse können dann jederzeit einbrechen, ohne dass die Zinsen vorher gestiegen sein müssen und ohne dass hieraus eine Baisse folgen muss. Das waren die Lektionen der Jahre 1997 bis 2003. Zeitweilig fielen da die Aktienkurse weltweit von einem Höchststand aus, in Deutschland und der Schweiz gar um bis zu 40 Prozent, trotz sinkender Zinsen. Zwar hatte man auch früher schon erleben müssen, dass die Aktienkurse trotz einer Wende von steigenden zu sinkenden Zinsen zunächst weiter fielen (zum Beispiel 1931 bis 1932 oder 1962) oder dass die Kurse nach übertriebenem Anstieg *in einzelnen Ländern* fielen, während die Zinsen sanken (wie Anfang 1987 in Deutschland). Aber dass eine Baisse *weltweit* auch bei sinkenden Zinsen einsetzen kann, zeigte sich in den Jahren 1997, 1998 sowie 2001 bis 2003 erstmals ganz deutlich.

79.

Beweist die Baisse von November 2007 bis März 2008, dass die Zinsen in einem Zeitalter der Desinflation ihre frühere Rolle als wichtige Indikatoren verloren haben?

Das Bedrückende an dem schweren Kurseinbruch November 2007 und später Januar 2008 war, dass er ohne die übliche Vorwarnung durch weltweit steigende Zinsen eintrat. Die US-Zinsen hatten beide Male kurz zuvor noch Jahrestiefststände gemeldet.

Wir müssen in der Tat auch in Zukunft ohne Warnung von der Zinsseite mit Finanzkrisen und heftigen Börsenschwankungen rechnen. Durch die Terminmärkte ist das internationale Anlagekapital so aufgebläht, dass Kursstürze blitzschnell erfolgen können.

Es wäre trotz der US-Hypotheken-Kreditkrise sicherlich nicht zu einem derart heftigen Kurseinbruch gekommen, wenn das internationale Kursniveau nicht stark überreizt gewesen wäre. In einer Zeit, in der die Aktien fast fünf Jahre lang kräftig nach oben gingen und sich das Kursniveau dabei mehr als verdoppelte, sollte man auch bei sinkenden Zinsen nicht zu 100 Prozent in Aktien oder gar noch in Optionsscheinen investieren.

80.

Wenn unter bestimmten Voraussetzungen die Aktien auch bei steigenden Zinsen weiterhin kräftig nach oben gehen können, wann bedeuten steigende Zinsen dann eine wirkliche Gefahr für die Aktienbörsen?

In den Jahren 1988, 1989 und 1994 fiel auf, dass die Aktienkurse stiegen oder zumindest relativ stabil blieben, obwohl höhere Anleihezinsen deutlich Gefahr signalisierten.

Eine Faustregel hat sich hier bewährt: Gefährlich wird es, wenn Zinsen und Goldpreis gleichzeitig steigen. Ein Musterbeispiel zeigt die Abbildung 12. Spätestens 1974 musste deutlich werden, dass trotz vorangegangener Kursverluste vom November/Dezember eine erneute Baisse drohte.

Zinsanstiege *ohne* vorangehenden Anstieg des Goldpreises wie etwa 1989 (siehe Abbildung 13) sind bisher für die Aktienmärkte stets unerheblich und oft auch nur vorübergehend gewesen. Das liegt daran, dass der Goldpreis ein ausgezeichneter Frühindikator für Inflationsgefahren ist. Wo aber keine Inflation droht, besteht auch für einen weiteren Zinsanstieg kein Anlass. Anders formuliert: Solange der Goldpreis fällt, droht den Aktienmärkten auch durch steigende Zinsen mittelfristig noch keine größere Gefahr. Sprechen keine anderen Gründe für einen Ausstieg (zum Beispiel schwacher Dollarkurs, neue Tiefkurse bei immer weiteren Indizes), dann sollte man sein Depot noch nicht abbauen.

Abbildung 12: Dow Jones-Index, US-Anleiherendite und Goldpreis von Oktober 1973 bis September 1974. Im März gaben Zinsen und Gold klare Verkaufssignale.

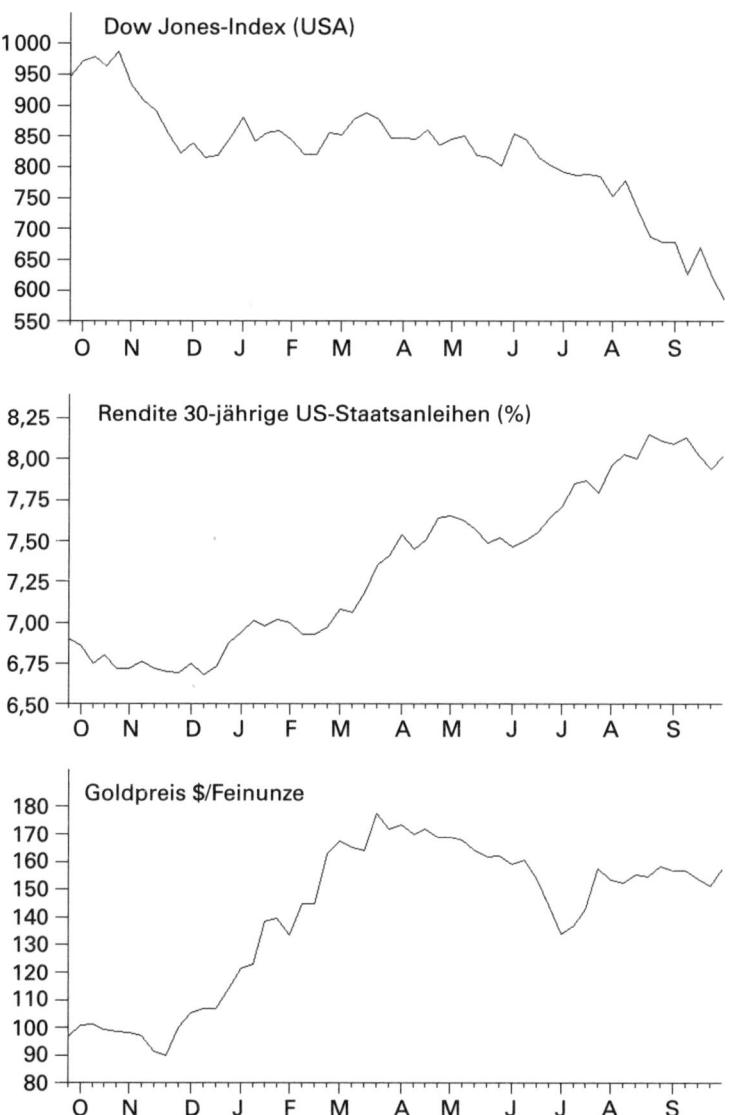

Abbildung 13: DAX, deutsche Anleiherendite und Goldpreis von April 1988 bis Juni 1989. Steigende Zinsen, fallender Goldpreis: Aktien halten!

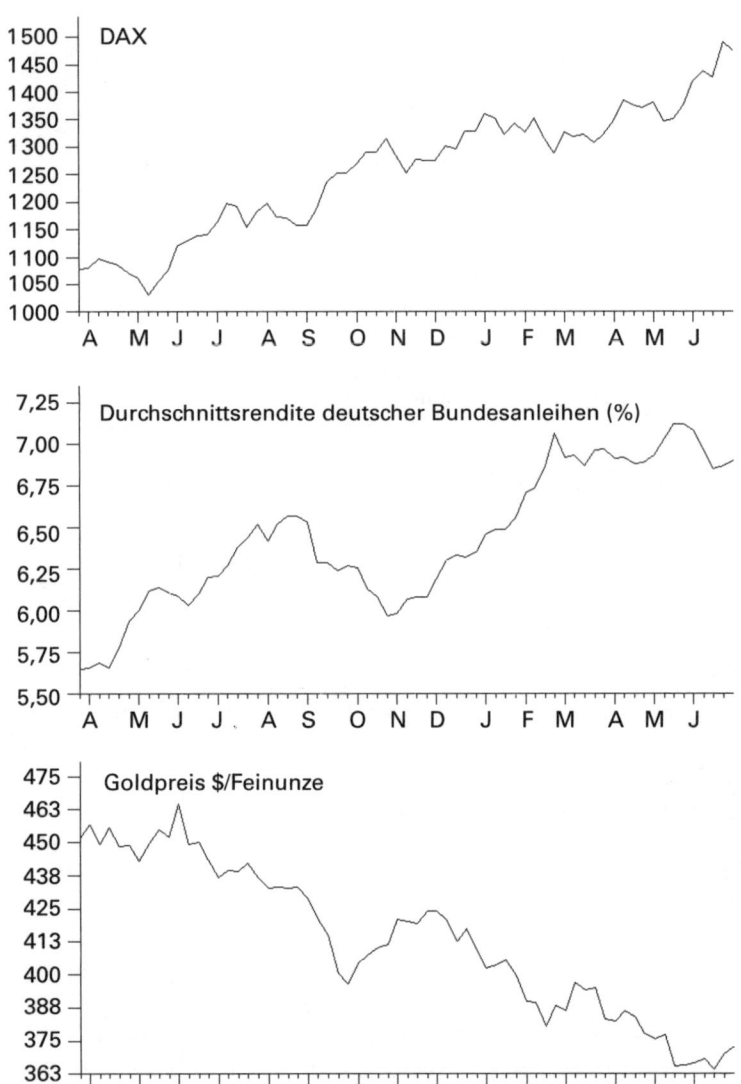

81.

Was tun wir, wenn wir über flüssiges Anlagekapital verfügen, die Zinsen weltweit sinken, aber die Aktienindizes in den Ländern, in denen wir kaufen wollen, sich schon auf historischem Höchststand befinden?

Da ist Vorsicht nie fehl am Platze. Zunächst sind zwar historische Höchstkurse kein Argument gegen Käufe, sondern sprechen eher *dafür*. Diejenigen Länder und Aktien, die neue Höchststände erreichen, sind besonders stark.

Aber auch die Bedenken derer, die meinen, es lohne sich doch nicht mehr, »wegen der letzten 5 Prozent noch einmal den Aktienanteil im Depot aufzustocken«, sind nicht gering zu schätzen. Im Oktober 2007 hätten sie Recht behalten, denn es ging ohne Vorwarnung nach unten, allein bedingt durch Liquiditätsengpässen von Banken.

Aber wenn man solche Korrekturen tatsächlich erwartet, kommen sie selten. Wenn die Preissteigerungsraten auf niedrigem Niveau blieben, die Zinsen nicht stiegen, sondern eher leicht nach unten tendierten, dann konnten die Aktienindizes in den vergangenen Jahrzehnten auch von einem hohen Niveau aus zeitweilig noch 20 bis 30 Prozent zulegen.

82.

Kann man sagen, dass eine starke Konjunktur sogar schädlich für die Aktienkurse ist?

Eine Erholung der Konjunktur, erkennbar zum Beispiel am steigenden Geschäftsklima-Index, hat in der Tat häufiger zu

Kursrückgängen als zu Kurssteigerungen bei Aktien geführt. Denn wenn die Wirtschaft floriert und Waren nachgefragt werden, lockt dies zu Investitionen. Das hierzu benötigte Geld fehlt dann an der Börse – es sei denn, die Zentralbanken sorgen weiterhin für »billiges Geld«, indem sie durch Zinssenkungen die Geldmenge erhöhen.

Doch konnte man in den neunziger Jahren lernen, dass ein Wirtschaftsaufschwung steigenden Aktienkursen nicht entgegenstehen muss, solange er nicht zu einem Anstieg der Löhne und Preise führt. Eine anziehende Konjunktur, verbunden mit sinkenden Zinsen, war schon immer die Traumkonstellation für die Aktienbörsen, die auch zu dem gewaltigen Kursanstieg von Anfang 1995 bis Juli 1998 führte.

83.

Welchen Einfluss haben die Preise, etwa die internationalen Rohstoffpreise, auf die Aktienkurse?

In der Regel haben sich sinkende Rohstoffpreise, insbesondere beim Energieträger Öl, sehr positiv auf die Börsen ausgewirkt (vgl. Abbildung 14). 10 Prozent Preisrückgang beim Öl können die Konjunkturen in den Verbraucherländern kräftiger ankurbeln als jede staatliche »Konjunkturspritze«.

Im Jahr 1998 konnten sich die Aktienbörsen jedoch nicht mehr so recht über die ständig zurückgehenden Ölpreise freuen (Abbildung 15). *Zu* niedrige Rohstoffpreise haben die Kehrseite, dass sie die Erzeugerländer, u. a. Russland und einige lateinamerikanische Staaten, in finanzielle Bedrängnis bringen. Die Sorge darüber ging so weit, dass Preisanstiege beim Öl und bei Metallen schon mit großer Erleichterung an den Weltbör-

Abbildung 14: Steigender und fallender Ölpreis treibt Aktien nach unten und wieder nach oben! Ölpreis, DAX sowie SMI von September 1990 bis Juni 1991.

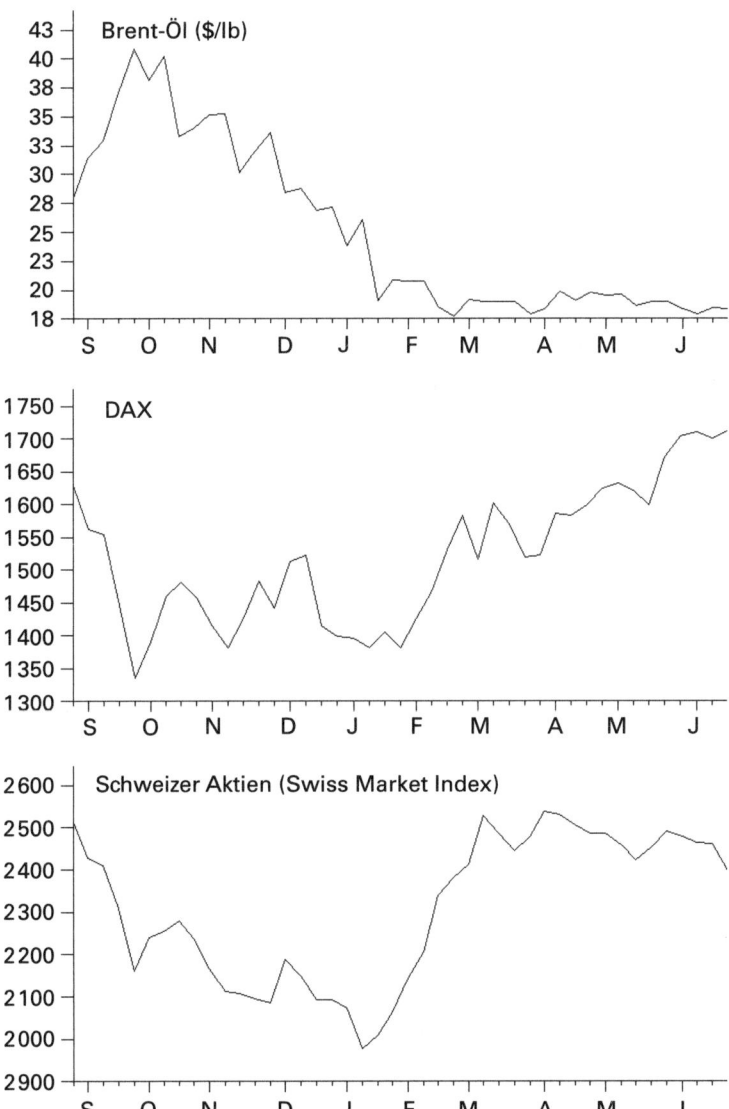

Abbildung 15: Fallender Ölpreis treibt Russland in die Krise. Deflationsängste lassen Aktien weltweit stürzen. Ölpreis, RTS-Index und DAX im Jahr 1998.

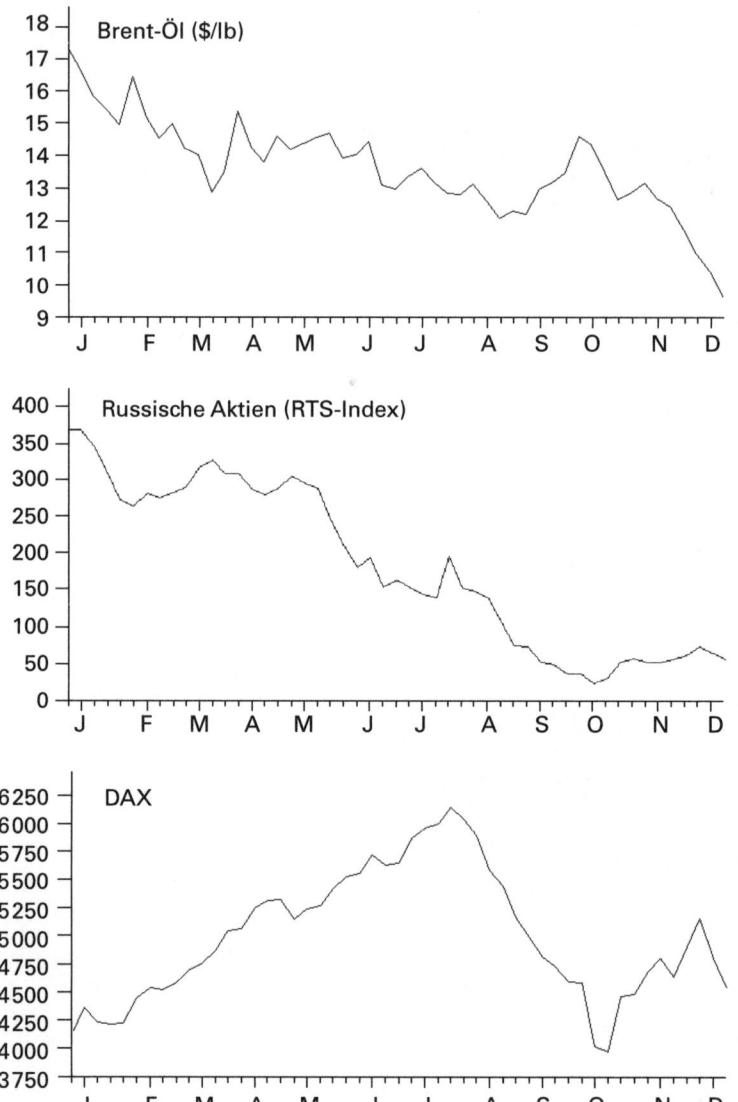

sen registriert wurden. So fundamental können Bewertungen wechseln, je nachdem ob an der Börse mehr die Inflation oder die Deflation gefürchtet wird.

84.

Was beeinflusst die Entwicklung der Rohstoffpreise, und wie kann man am einfachsten und schnellsten deren Trends erkennen?

Beeinflusst werden die Preise natürlich vom Wetter, von Ernteerwartungen, aber vor allem von der Konjunktur (erwartetes Verhalten der Abnehmer), mitunter auch von der Preisdisziplin der Erzeugerländer.

Auch wer nicht an den Terminbörsen mit Rohstoffen spekuliert, sollte sich kundig machen, welchem Trend die Rohstoffpreise folgen. Denn fallende Rohstoffpreise wirken sich meist rasch positiv auf die Aktienmärkte aus. Damit einhergehende fallende Zinsen erhöhen wegen der Kostenentlastung die Unternehmensgewinne.

Wollen Sie auf einen Blick feststellen, wie sich die Rohstoffpreise weltweit entwickeln, dann beachten Sie besonders den »CRB-Index«, den Sie in jeder überregionalen Tageszeitung finden und der auf US-Dollarbasis berechnet wird. Er umfasst alle agrarischen Rohstoffe (Weizen, Soja, Zucker und so weiter) wie auch Energie- und metallische Rohstoffe.

Auch die Preisentwicklung allein der metallischen Rohstoffe (ohne Eisen und Gold) ist wichtig und wird im »Base Metal-Index« auf US-Dollarbasis errechnet.

Die Trends erkennen Sie am einfachsten, wenn Sie die aktuellen Werte mit jenen vor sechs Monaten vergleichen. Bewah-

Abbildung 16: Ölpreis, CRB-Index und Base Metal-Index in den neunziger Jahren

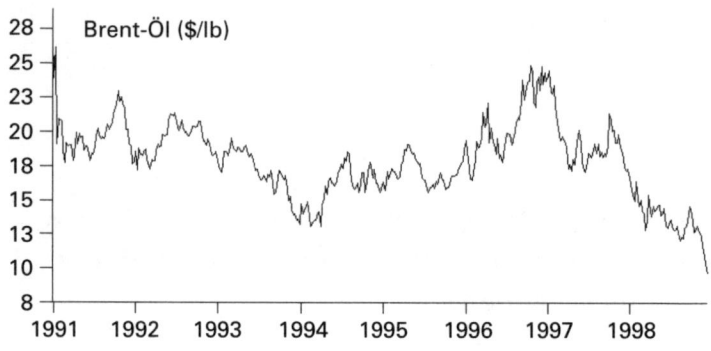

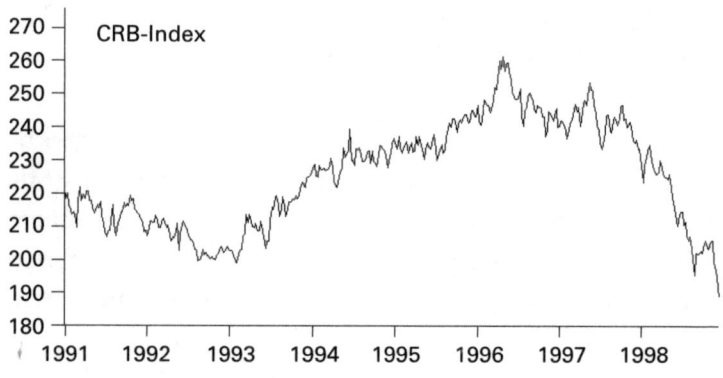

ren Sie daher möglichst immer ein Jahr lang die jeweils letzte Ausgabe Ihrer Tageszeitung in jedem Monat auf.

Einen Überblick über die Entwicklung wichtiger Rohstoffpreise beziehungsweise -indizes in den neunziger Jahren finden Sie in Abbildung 16.

85.
Wenn der Dollar gegenüber den europäischen Währungen fällt, kann man dann noch US-Aktien kaufen?

Viele Anleger zögern, Aktien ausgerechnet von Unternehmen eines Landes zu kaufen, dessen Währung kräftig gefallen ist. Aber das ist weit weniger gefährlich, als Aktien von Ländern zu kaufen, deren Währung *gestiegen* ist.

Eine abgewertete Währung macht erstens die in dieser Währung lautenden Aktien preiswerter, zweitens erhöht sie die Konkurrenzfähigkeit der betreffenden Unternehmen. Häufig – aber nicht immer – setzt die Börse sogar zu einer »Abwertungshausse« an, wie man sie beispielsweise Anfang 1987 in den USA beobachten konnte. Trotz schwachem Dollar und sehr unsicherer deutscher Aktienbörse zog sich diese Hausse einige Monate hin (Abbildung 17). Solange die US-Anleihezinsen sanken, geschah dem Aktienmarkt nichts. Je mehr sie sanken, ohne dass europäische und japanische Zinsen entsprechend mitzogen, desto tiefer fiel der Dollar.

Steigen allerdings die Zinsen wieder, dann kann die Abwertungshausse im Katzenjammer enden, wenn sich der Dollar nicht umgehend festigt. Ein scharfer Kurssturz ist die Folge. Genau dieses Szenario ging dem Aktiencrash im Oktober 1987 voran (Abbildung 18). 1995 hingegen mündete die US-Abwer-

Abbildung 17: Dollar, Dow Jones-Index und Commerzbank-Index vom Januar 1986 bis März 1987

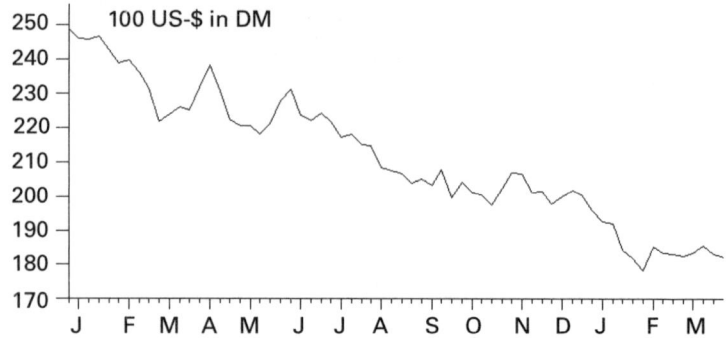

100 US-$ in DM

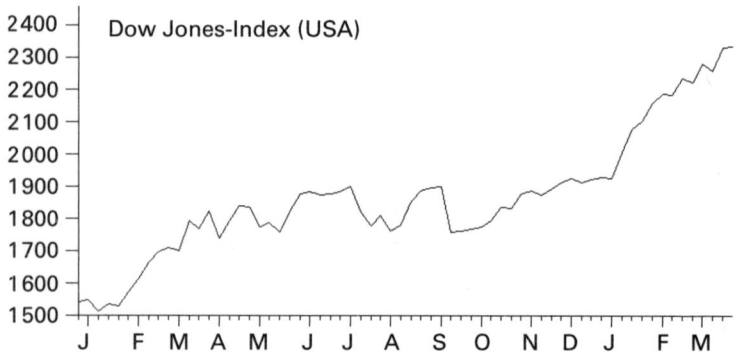

Dow Jones-Index (USA)

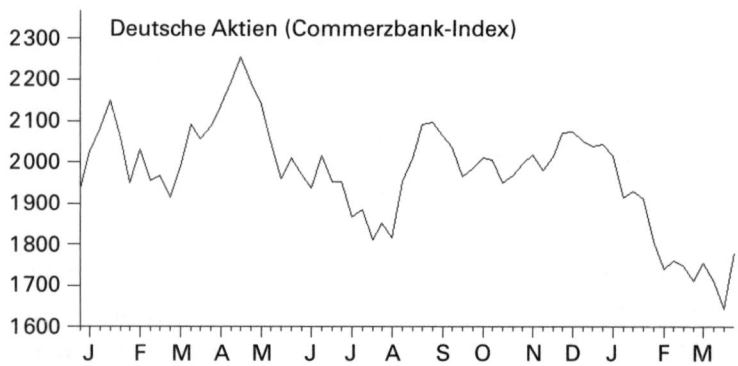

Deutsche Aktien (Commerzbank-Index)

Abbildung 18: Fallender Dollar und steigende Zinsen bewirken einen Aktiencrash. Dollar, US-Anleiherendite und Dow Jones-Index 1987.

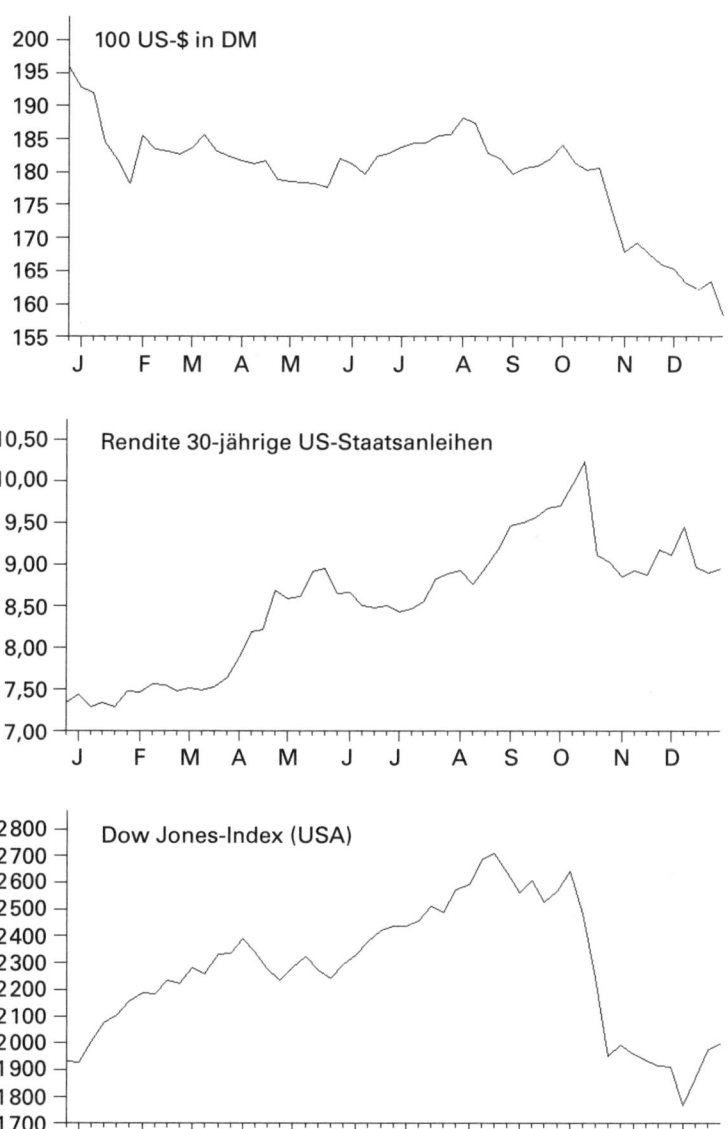

Abbildung 19: Sinkende Zinsen führen 1995 zu einer erneuten Aktienhausse. Dollar, US-Anleiherendite und Dow Jones-Index 1995.

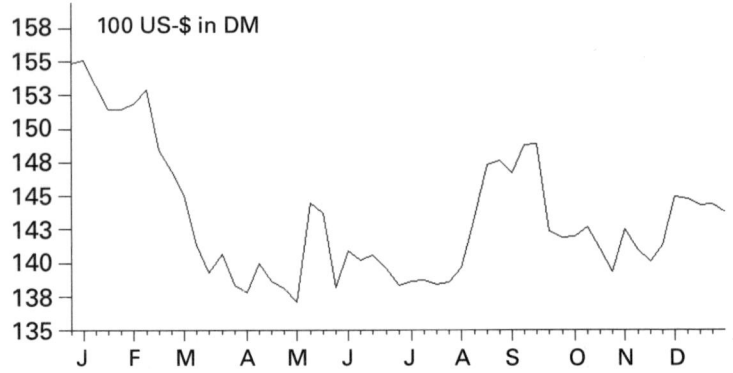

100 US-$ in DM

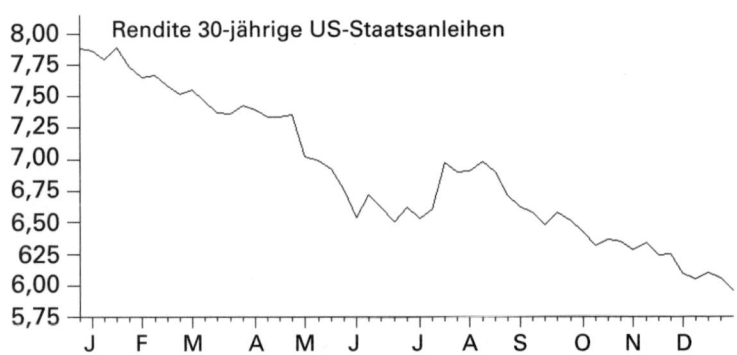

Rendite 30-jährige US-Staatsanleihen

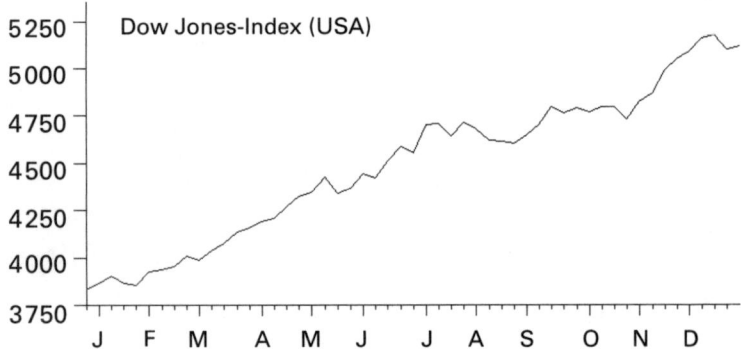

Dow Jones-Index (USA)

tungshausse schließlich in eine *weltweite* Aktienhausse mit wieder steigendem Dollar (Abbildung 19).

86.
Wie abhängig sind europäische Aktien vom Kurs des US-Dollars?

Vor allem seit Mitte der achtziger Jahre konnte man häufig die Bedeutung eines zumindest stabilen Dollars für die europäischen Aktienmärkte feststellen. Unvergessen bleibt der Kurssturz des DAX vom Indexstand 1800 auf 1400 Punkte im Sommer 1992, als das Europäische Währungssystem aus den Fugen geriet und der Dollar erstmals unter die Marke von 1,40 D-Mark fiel (Abbildung 20). DAX und Dollarkurs bewegten sich in diesem Jahr nahezu parallel.

Weniger groß ist die Gefahr von Kursstürzen aufgrund einer Dollarschwäche in einer Zeit, in der die Zinsen sinken. Aber selbst dann kann ein schwacher Dollarkurs, verbunden mit Deflationsängsten (→ *siehe Nr. 67–69*), massive Verkäufe an den Börsen auslösen. Im September 1998 brachen Dollarkurs und Aktienindizes weltweit sogar bei sinkenden Zinsen kräftig ein (siehe Abbildung 21). Den DAX-Verlauf für 1998 finden Sie in Abbildung 15.

Niemand kann ausschließen, dass der Verstand aussetzt, wenn ein paar Gurus »Feuer« schreien und daraufhin die ganze Herde auf einmal aus ihren Aktien aussteigen will.

Abbildung 20: Fallender Dollar, DAX und SMI 1992. Beachten Sie die Parallelität der Kurven!

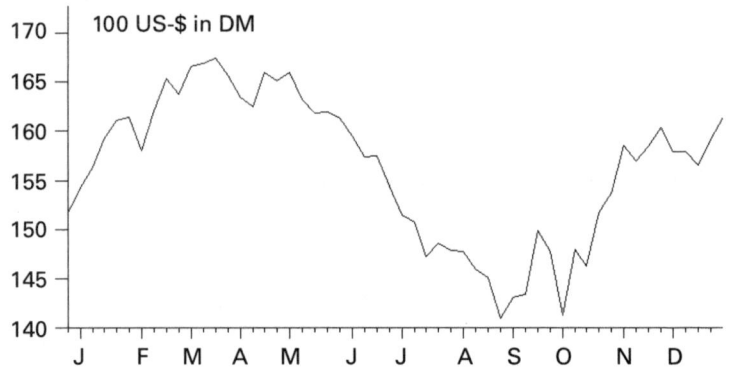

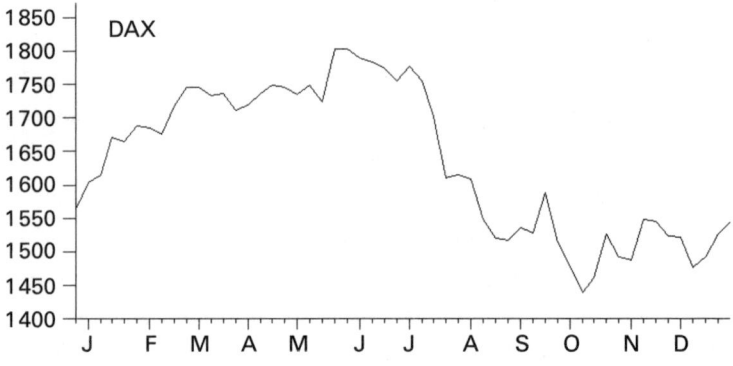

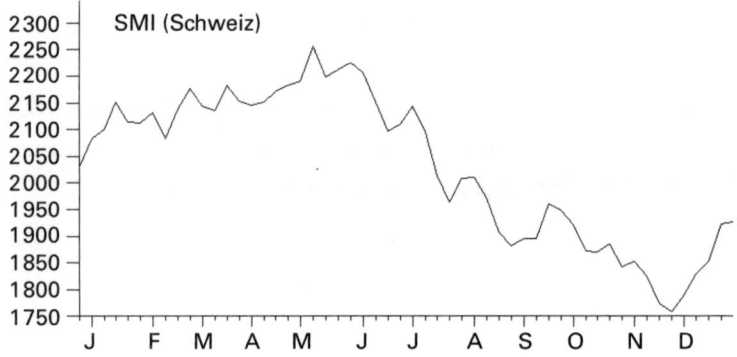

Abbildung 21: US-Dollar, deutsche Anleiherendite und Eurostoxx-Aktienindex 1998

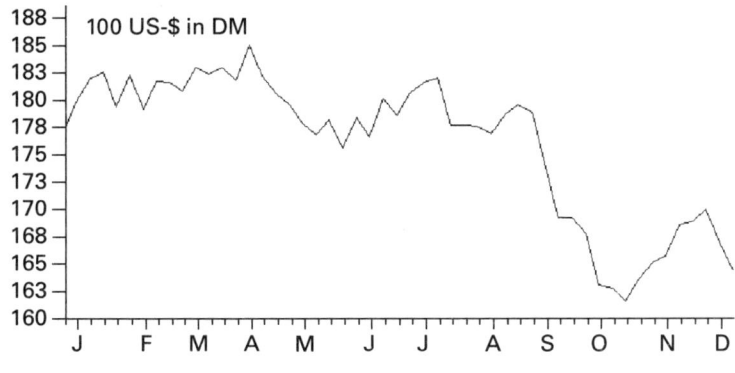

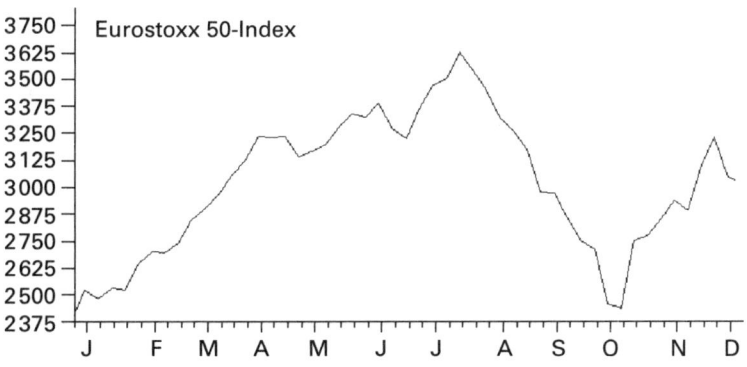

87.

Inwieweit wirken sich die Arbeitsmarktzahlen auf die Aktienkurse aus?

Ende Januar 1995 wurde gemeldet, dass die Arbeitslosigkeit in den USA überraschend von bisher 5,4 Prozent auf 5,7 Prozent gestiegen sei, während die Zahl der neuen Stellen im Januar nur halb so hoch ausfiel wie erwartet. Das waren Hinweise auf eine Abschwächung der US-Konjunktur. Daraufhin sanken die Zinsen, und die Aktienkurse stiegen.

Dieses Beispiel mag zunächst erstaunen, aber entgegen einer weit verbreiteten Auffassung sind höhere Arbeitslosenzahlen in einer Zeit, in der man Angst vor Preissteigerungen hat, stets gut für die Börse.

Denn bei guter Konjunktur und Arbeitsmarktlage steigen nicht nur die Zinsen, sondern auch die Lohnkosten. Diese drücken die Unternehmensgewinne und lassen die Preise stärker steigen. Höhere Arbeitslosigkeit hingegen dämpft die Lohnforderungen und fördert damit aus der Sicht der Unternehmen die Stabilität.

Das ändert sich aber in Zeiten einer Vertrauenskrise, in der Angst vor Pleiten, Kreditausfällen und Finanzkrisen das Börsengeschehen bestimmen. Dann werden neu geschaffene Stellen und ein Rückgang der Arbeitslosigkeit positiv beurteilt.

Riesenumsätze an der US-Börse zeigen, wie euphorisch oder panisch die Anleger oft auf veränderte Arbeitslosenzahlen je nach Wirtschaftslage reagieren.

88.

Besteht nicht die Gefahr, dass bei einem weiteren Anstieg der Arbeitslosigkeit die Umsätze und damit auch die Gewinne zurückgehen?

Hohe Arbeitslosigkeit kann sehr wohl mit einer wirtschaftlichen Depression Hand in Hand gehen; beide können sich gegenseitig verstärken. Diese Situation bestand Anfang der dreißiger Jahre weltweit (→ *siehe dazu auch Nr. 67–69).*

Man sollte aber nicht übersehen, dass das Thema »Arbeitslosigkeit« in den neunziger Jahren nur in einigen der großen Industrieländer, insbesondere in Europa, eine wichtige Rolle in der politischen Diskussion spielte, etwa in Deutschland, Frankreich und Italien. In den USA, in Großbritannien, den Niederlanden und der Schweiz wusste man damit relativ gut fertig zu werden.

Arbeitsplätze entstehen durch neue Ideen, durch unternehmerisches Risiko sowie durch die Unterstützung und Entlastung vor allem mittelständischer Betriebe. Werden hier günstige Rahmenbedingungen gesetzt, dann kann die Spirale von wirtschaftlichem Niedergang und immer höherer Arbeitslosigkeit schnell durchbrochen werden. Das hat die Regierung Schröder-Fischer in Deutschland in den Jahren 2003 bis 2005 bewiesen, auch wenn sie selbst die Früchte ihrer Rahmenbedingungen nicht ernten konnte.

Von dieser Erwartung profitieren auch die Börsenkurse. Einen durch höhere Arbeitslosenzahlen ausgelösten Schock an den Aktienmärkten hat man jedenfalls seit dem Zweiten Weltkrieg noch nicht beobachten können.

89.

Wie wichtig sind eigentlich die fast täglich veröffentlichten Zahlen zur Konjunktur-, Preis- und Arbeitsmarktentwicklung in den USA?

Auf den ersten Blick scheinen diese Zahlen von außerordentlich hohem Wert zu sein, denn bereits Sekunden nach der Veröffentlichung werden an sämtlichen Weltbörsen so heftige Bewegungen registriert, dass man meinen könnte, ein zuverlässiger Hellseher habe soeben die Indexstände der Aktien für die nächsten Wochen oder Monate bekannt gegeben.

Das Rätsel, was die Anleger in aller Welt bewegt, hysterisch auf wenig aussagekräftige und ohnehin nur vorläufige Daten zu reagieren, ist schnell gelöst. Um auf vermutete Kursausschläge sofort reagieren zu können, legen immer mehr Händler gegen 14.30 Uhr MEZ, dem Zeitpunkt, an dem die Daten bekannt gegeben werden, zahlreiche Stopp-Orders. Diese bewirken, dass bei einem festgesetzten höheren Kurs sofort und automatisch gekauft beziehungsweise bei einem festgesetzten tieferen Kurs automatisch verkauft wird. Solche Stopps greifen also ab gewissen Kursverschiebungen und sorgen für eine Eigendynamik.

Diese heftigen Ausschläge wiederum bewirken, dass sich immer weitere Marktteilnehmer entschließen, entsprechende Orders zu setzen. »Die Zahlen aus Amerika« erhalten deshalb ein immer größeres Gewicht und lösen schon im Vorfeld ihrer Veröffentlichung Hoffnungen und Ängste aus – gerade so, als ließe sich mit ihrer Hilfe der Trend für ein ganzes Jahr ablesen.

Regelmäßig aber beruhigen sich die Märkte bereits nach einigen Stunden. Ein paar Tage später können sich schon wieder andere kurzfristige Trends aufgrund neuer Zahlen einstellen.

→ *Siehe dazu auch Nr. 43–44.*

90.

Werden die Börsenkurse heutzutage nicht von den Spekulanten der großen US-Geldhäuser bestimmt? Ist man dem als Kleinanleger nicht hilflos ausgeliefert?

Nach Kursstürzen wie August/September 1998 und 2002/2003 mit anschließenden panikartigen Rückkäufen sucht man in der Tat vergeblich nach rationalen Gründen für dieses Verhalten. Freilich fragte man sich zuvor, wie weit die amerikanischen (und zum Teil auch die europäischen) Aktien denn noch steigen sollten, zumal im Jahr 2000 die Aktien von High-Tech-Unternehmen bereits mit dem zehn- bis fünfzigfachen Jahresumsatz bewertet wurden. Früher galt die Faustregel: Börsenwert eines Unternehmens = Jahresumsatz desselben Unternehmens.

Aber das war alles längst bekannt, als die Aktien in den USA und Europa im Jahr 2000 noch munter von Rekord zu Rekord eilten. Der tiefere Grund für den plötzlichen Kursverfall liegt auch nicht in einem veränderten Verhalten der *Anleger*, sondern in dem rasanten Zuwachs der *kurzfristigen Großspekulation*, die einfach im jeweils herrschenden Trend mitschwimmen will und auf Knopfdruck blitzschnell handelt.

Das sind keine nervösen Kleinanleger. Die aufgeblähten Terminbörsen mit viel Spielgeld, das keine reale Deckung aufweist, haben sowohl die Riesenhausse der Jahre 1996 bis 2000 als auch die nervösen Schwankungen im Sommer und Herbst der

Jahre 1997 und 1998 verursacht. Die Tatsache, dass in wenigen Sekunden heute Milliardenbeträge weltweit ihre Besitzer wechseln können (die nur einen geringen Teil davon real vorweisen müssen), wird auch weiter zu übertriebenen Reaktionen sowohl nach oben als auch nach unten führen. Zu viel Spekulationsgeld schwimmt im Markt; die Richtung dieser Spekulation kann sich kurzfristig blitzschnell ändern, und Indexbewegungen von über 5 Prozent am Tag sind nichts Außergewöhnliches mehr. Wer da versucht, kurzfristig im Trend zu bleiben, kann stets auf dem falschen Fuß erwischt werden.

Das einzige Gegenrezept lautet: Defensiv mit niedrigem Kapitaleinsatz handeln, mittelfristig planen, bei niedrigen Kursen kaufen, bei hohen Kursen verkaufen und dabei zusätzlich auf die bewährten Signalsysteme (Zinsen, Preise, Dollarkurs) setzen. Anders geht es nicht. (→ *Siehe auch Nr. 48–49.*)

91.
Inwiefern können politische Ereignisse die Aktienbörsen beeinflussen?

Kurzfristig sehr stark (→ *siehe dazu auch Nr. 92 und 100*). Dennoch lohnt es sich nicht, auf politische Ereignisse zu warten, von deren Ergebnis angeblich die gesamte weitere Börsenentwicklung abhängt.

Ein Beispiel sind die US-Wahlen im Jahre 1996. Bill Clinton blieb Präsident, ebenso hielt die republikanische Oppositionsmehrheit im Kongress. Wie reagierten die Börsen? Die US-Anleihezinsen setzten einfach ihre bisherige Talfahrt fort und sorgten damit auch an den Aktienmärkten für eine freundliche Stimmung. Auf einen Republikaner als Präsidenten oder auf eine Mehrheit der demokratischen Partei im Kongress hätte sich die Börse ebenfalls bald eingestellt.

In Frankreich dauerte 1997 der Börsenschock über den Wahlsieg der Linken gerade einen Tag. Dann stiegen die Kurse wieder.

Zu den Belastungen der deutschen Börse wurde bis Ende September 1998 die Bundestagswahl gerechnet. Meinungsumfragen ließen bereits einen Sieg des SPD-Kandidaten Gerhard Schröder erwarten. Dennoch rechnete man noch mit einem möglichen Kurssturz nach der Wahl. Nichts von dem, was befürchtet wurde, geschah. Gerhard Schröder gab sich alle Mühe, Deutschland als verlässlichen Partner und Stabilitätsfaktor darzustellen.

So viel Spielraum, wie man gemeinhin denkt, hat die Politik nicht. Politische Börsen haben in der Regel kurze Beine. Es ist fast immer ein Fehler, an der Börse aufgrund bevorstehender politischer Entscheidungen auf Trendänderungen zu spekulieren.

92.

Kann der Sturz oder der Tod von Politikern eine weltweite Börsenkrise auslösen?

Heftige Kursbewegungen, die aber meist nur kurzfristiger Art sind, können auftreten, wenn sich an der Führungsspitze eines Staates durch Tod oder Putsch unerwartete Veränderungen ergeben. Am bekanntesten ist der sogenannte »Gorbatschow-Crash«, der am Montag, den 19. August 1991 eintrat, als Michail Gorbatschow an seinem Urlaubsort unter Hausarrest gestellt wurde und eine Gruppe von Politikern und Militärs eine »Rettung der Sowjetunion« beschlossen. Als es dem Präsidenten Russlands, Boris Jelzin, an den folgenden Tagen gelang, den Putsch durch energischen Widerstand zu beenden, erholten sich die Kurse sehr schnell.

Sogar der Gesundheitszustand von Politikern kann die Börsen beschäftigen. Als zu Beginn der achtziger Jahre der jugoslawische Staatspräsident Tito schwer erkrankte, sanken die Börsenkurse weltweit, weil das Gerücht umging, die Sowjetunion werde den Tod des Politikers ausnutzen, um Jugoslawien zu besetzen und der direkten Kontrolle des Ostblocks zu unterwerfen. Meldungen über eine Verbesserung des Gesundheitszustands von Tito führten augenblicklich zu steigenden Kursen.

Letztlich war Titos Gesundheit und späterer Tod dann für die Börsen bedeutungslos, was zeigte, wie sehr die Börse kurzfristig von politischen Stimmungen und Gerüchten beeinflusst wird.

93.
Stimmt die Regel, dass US-Präsidentschaftswahljahre stets gute Börsenjahre sind?

In US-Wahljahren präsentierte sich die New Yorker Börse im Zeitraum von 1964 bis 2004 tatsächlich größtenteils freundlich; selbst in den Jahren 1980 und 1992 hielt sie sich als »Seitwärtsbörse« recht gut, obwohl in Europa die Kurse in diesen Jahren einbrachen (siehe dazu die Abbildungen 22 bis 25). Eine Ausnahme bildete die Baisse im 1. Quartal 2008.

Der Grund für dieses Phänomen liegt darin, dass der Präsident in Wahljahren bemüht ist, alles zu tun, um die Stimmung der Wählerschaft zu heben. Auch die US-Zentralbank möchte

Abbildung 22: Dow Jones-Index in den Wahljahren 1964 bis 1972

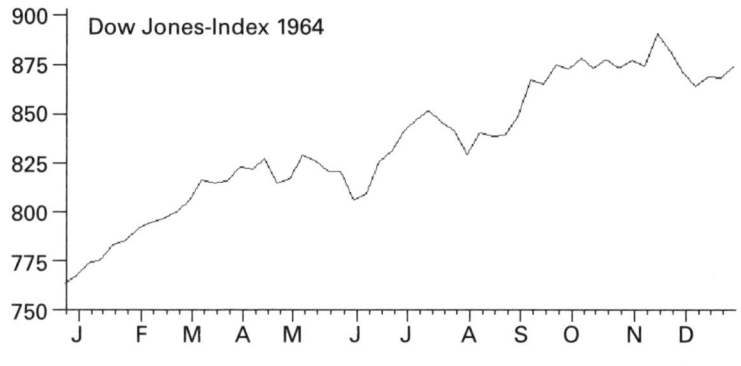

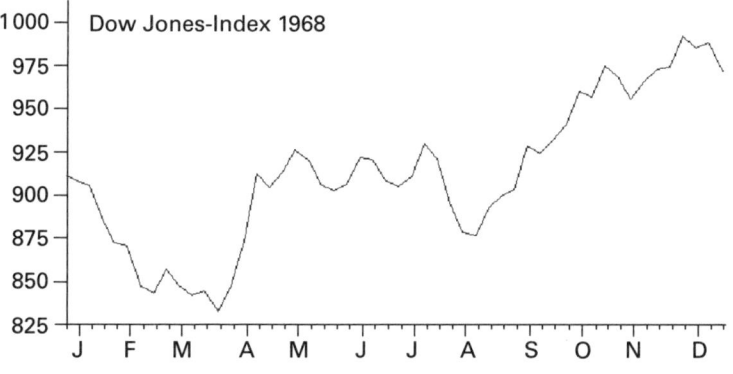

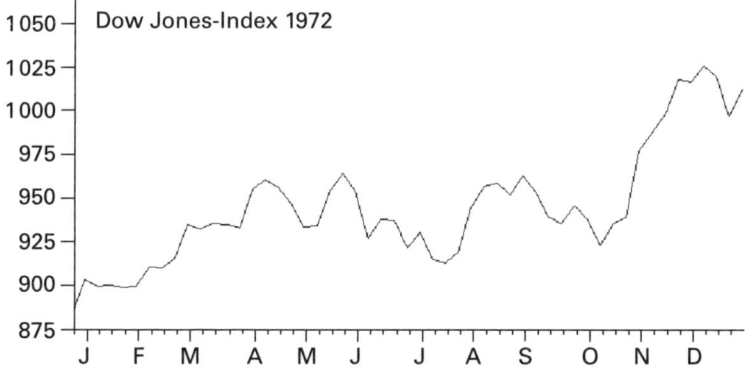

Abbildung 23: Dow Jones-Index in den Wahljahren 1976 bis 1984

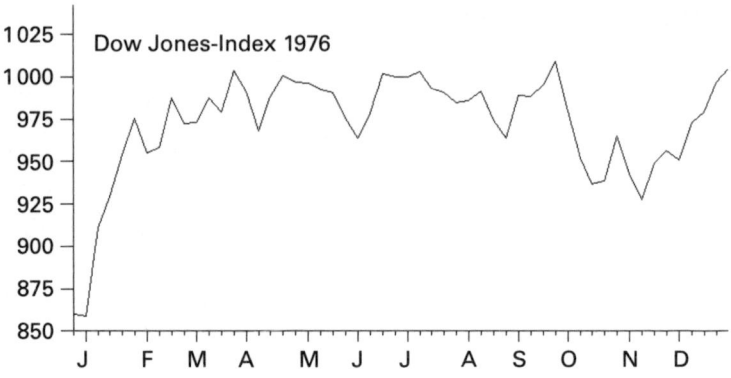

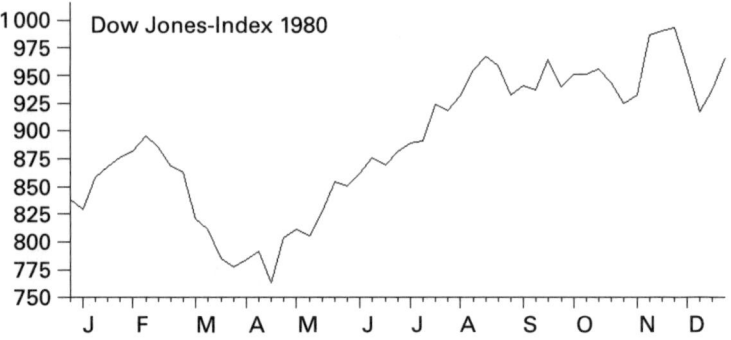

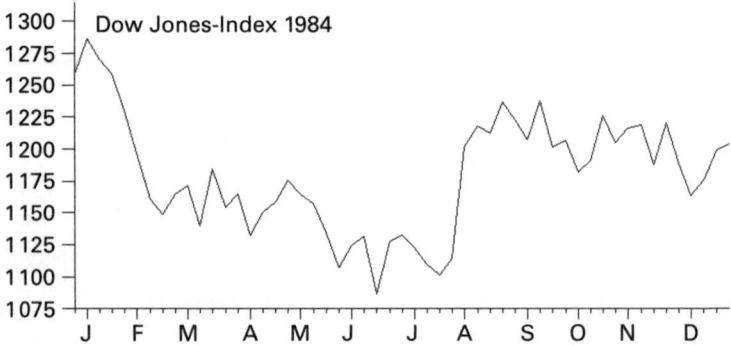

Abbildung 24: Dow Jones-Index in den Wahljahren 1988 bis 1996

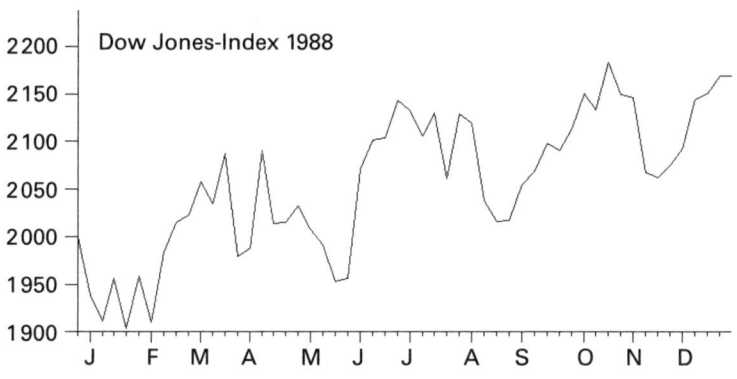

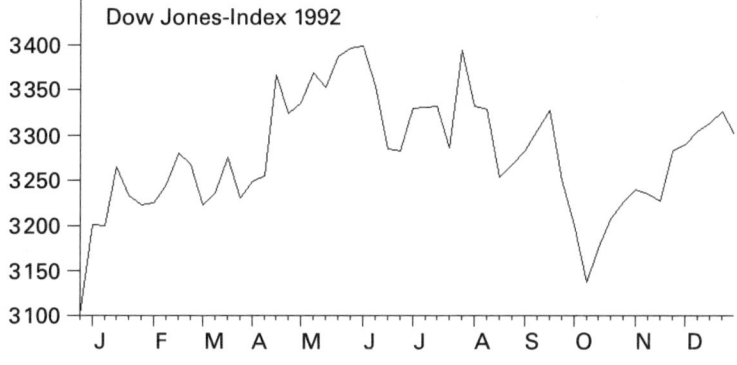

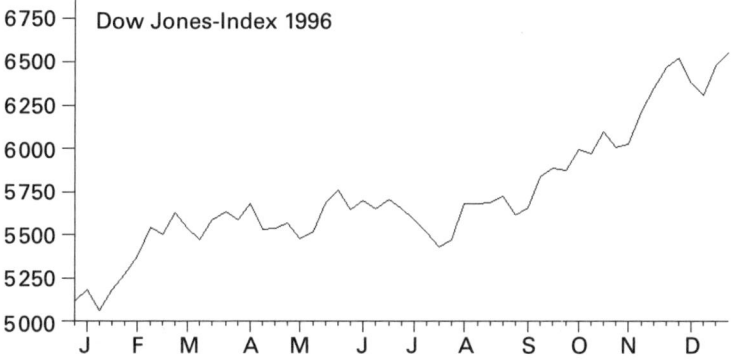

Abbildung 25: Dow Jones-Index in den Wahljahren 2000 bis 2008

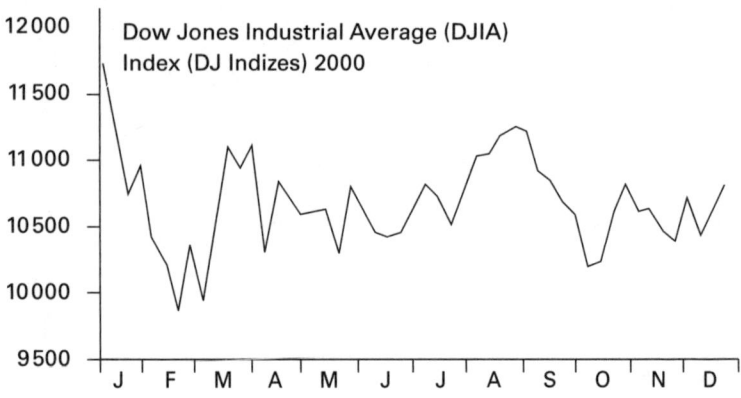

Dow Jones Industrial Average (DJIA)
Index (DJ Indizes) 2000

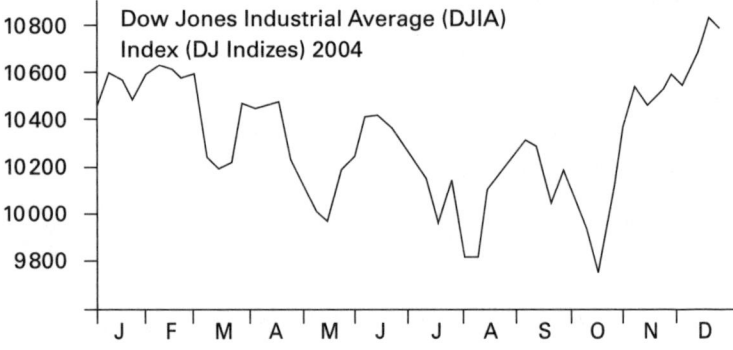

Dow Jones Industrial Average (DJIA)
Index (DJ Indizes) 2004

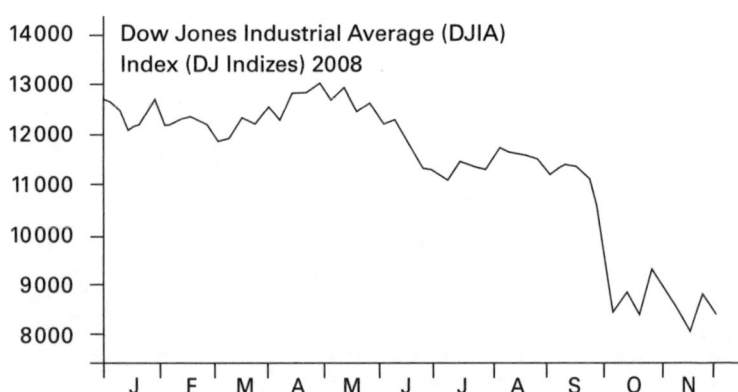

Dow Jones Industrial Average (DJIA)
Index (DJ Indizes) 2008

dann wohl vermeiden, durch etwaige Zinserhöhungen eine offene Konfrontation mit der Regierung herbeizuführen. Denn das amtierende Staatsoberhaupt wünscht sich verständlicherweise eher konjunkturbelebende Maßnahmen.

Diese kann es jedoch nicht immer geben. Beispielsweise sah sich die US-Zentralbank im Jahre 1980 wegen der hohen Inflationsraten genötigt, trotz bevorstehender Wahl die Zinsen zu erhöhen – zum Leidwesen des damaligen Präsidenten Jimmy Carter. Die steigenden Arbeitslosenzahlen und das ungelöste Geiseldrama im Iran wurden ihm dann trotz gut gehaltener Börse schließlich zum Verhängnis.

In den letzten Monaten des Jahres 1980 hat sich die US-Börse wohl auch nur deshalb so gut gehalten, weil sie sich von dem neuen Präsidenten Ronald Reagan neue Impulse erhoffte. Politische Erwartungen erfüllen sich jedoch selten zum gewünschten Zeitpunkt. Im Jahre 1981 gab es noch einmal einen kräftigen Rückschlag, ehe dann die »Jahrhundert-Hausse« im August 1982 tatsächlich einsetzte.

94.
Gelten US-*Nach*wahljahre zu Recht als Baisse-Jahre?

Es wird behauptet, Nachwahljahre in den USA seien stets schwache Börsenjahre gewesen. Dieser Umstand wird damit begründet, dass eine neue Regierung die »nötigen Grausamkeiten« (in Form von Steuererhöhungen, Subventions- oder Sozialleistungskürzungen) rasch in Angriff nehmen müsse, solange sie vom Wähler dafür nicht bestraft werden könne. Daher sei das erste Nachwahljahr häufig auch von Konjunkturrückgängen geprägt gewesen.

Doch an dieser Behauptung stimmt vieles nicht. Einmal sind die Jahre, in denen Konjunkturrückschläge auftraten, und die Jahre der Börsenrückschläge nicht identisch. Hinzu kommt, dass zwei Jahre nach den US-Präsidentschaftswahlen auch Kongresswahlen stattfinden, auf die Rücksicht genommen werden muss. Drittens wurde der Spielraum der Politik zur Beeinflussung wirtschaftlicher Entwicklungen im letzten Jahrzehnt immer geringer, was sich nicht zuletzt daran zeigte, dass staatliche Interventionen und Konjunkturprogramme meist nur hinausgeworfenes Geld bedeuteten und zu höherer Staatsverschuldung führten.

Interessant ist, dass die genannte Regel, Nachwahljahre in den USA seien schlechte Börsenjahre, früher meist zutraf, etwa 1961, 1969, 1973, 1977 und 1981. Sie stimmte nicht im Jahre 1965, und seit 1985 nur noch im Jahr 2001. Regeln, die aber nur zu 50 Prozent gelten, vergisst man am besten ganz schnell.

95.

Inwieweit wirken sich Steuererhöhungen auf die Aktienkurse aus?

In der Regel reagiert die Börse auf die Ankündigung höherer Steuern zunächst sehr negativ. Als Bundeskanzler Ludwig Erhard nach seinem Wahlsieg im Jahre 1965 einige Wahlversprechen nicht erfüllen konnte und 1966 gar in einer Finanzklemme die Verbrauchssteuern erhöhen wollte, führte dies zu einem gewaltigen Kurssturz an der deutschen Börse und schließlich zu seinem erzwungenen Rücktritt als Bundeskanzler.

Seit den siebziger Jahren gehen Politiker Steuererhöhungen nur noch außerordentlich vorsichtig an, wobei sie stets darauf hinweisen, dass dafür Entlastung an anderer Stelle, etwa bei den Lohnnebenkosten, ermöglicht werde. Nur unter diesen Vorzeichen konnte sich die rot-grüne Bundesregierung nach ihrem Wahlsieg 1998 die Einführung einer neuen Ökosteuer und eine Erhöhung der Mineralölsteuer erlauben.

Grundsätzlich leiden unter Mehrwertsteuererhöhungen besonders die Konsumaktien, unter Erhöhungen der Mineralölsteuer die Autoaktien und unter Einkommensteuererhöhungen der Gesamtmarkt – weshalb die Politik auf letztere heute meist verzichtet.

Ob eine Steuererhöhung der Börse auch langfristig schadet, hängt davon ab, wofür die zusätzlichen Einnahmen verwendet werden. Dienen sie nur dazu, Löcher im Haushalt zu stopfen, dann meide man am besten sämtliche Aktien des betreffenden Landes. Werden sie dagegen für ein Projekt (etwa »Aufbau Ost« oder Umweltschutzprogramme) verwendet, wird die Börse sehr bald wieder zur Tagesordnung übergehen; die höheren Steuern sind dann in den Kursen bereits enthalten.

96.

Sind Börsen, die wie die deutsche stark von Auslandskäufen und -verkäufen abhängig sind, nicht unberechenbar?

»Die Ausländer kaufen!« Dieser Jubelruf ertönt häufig dann, wenn die Kurse schon sehr kräftig gestiegen sind. Ob das dann nur ein Gerücht ist, das in die Welt gesetzt wird, weil Finanzinstitute zu hohen Kursen verkaufen wollen, oder ob die Information wirklich zutrifft, das ist erst Monate später den Statistiken der Zentralbank zu entnehmen.

Ein durch Auslandskäufe ausgelöster Börsenaufschwung ist ohnehin oft recht kurzlebig, da die ausländischen Käufer dazu neigen, Währungsgewinne schnell mitzunehmen. Auch bei Aktien geht es ihnen sehr oft nur um den kurzfristigen Schnitt. Sobald Börsenbriefe in London oder Investmentbanken in New York europäische Aktien empfehlen, wollen sie schnell dabei sein. Aber ja nicht auf Dauer! – kaum fällt der Dollarkurs, sind sie schon wieder weg.

Dabei ist im Verhalten »der Ausländer« kein Unterschied zwischen vermögenden Privatpersonen und institutionellen Anlegern festzustellen. Sie alle wollen blitzschnell handeln, reagieren hektisch und wirbeln auf diese Weise die Märkte durcheinander.

97.
Warum wirkt sich die drohende Zahlungsunfähigkeit eines Hedge-Fonds so katastrophal auf Aktien europäischer Unternehmen aus?

Drohende oder tatsächlich eintretende Konkurse von Finanzinstituten oder Staaten können die Börsen sehr stark beeinflussen, weil durch die »Globalisierung« nicht nur Staaten, sondern Geldhäuser aller Art durch Handelsbeziehungen und Kredite weltweit eng aneinander gebunden sind. Als Ende September 1998 die Meldung durchsickerte, dass der »Hedge-Fonds« LTCM eine Schieflage von mehreren Milliarden Dollar verkraften müsse, gab dies den Börsen, die schon vorher nervös waren, den Rest.

Was ist ein Hedge-Fonds? Es handelt sich um einen besonders risikofreudigen Investmentfonds in den USA (meist eine Gemein-

schaftsgründung mehrerer Kapitalgesellschaften), der mit Riesen-
einsätzen an den internationalen Devisenbörsen auf Termin spekuliert und Kursunterschiede zwischen Anleihen verschiedener
Währungen zu nutzen sucht. Drohen aber Verluste aus Termingeschäften und werden Einlagen zur Zahlung fällig, dann müssen
diese durch die Anteilseigner, meist Banken, aufgebracht werden.
Diese wiederum erleiden augenblicklich drastische Kursverluste,
auch wenn es eine alte Börsenregel gibt, die besagt: »Verluste der
Vergangenheit kann man vergessen. Die Börse bewertet nur die
Zukunft von Unternehmen.« Man sollte meinen, wenn es sich
um einen einmaligen Ausrutscher handelt, den eine Großbank
ja sicher verkraften kann, dann wäre dieser bald vergessen. Aber
die Befürchtungen der Börsianer gehen freilich dahin, dass es
sich hier nur um die Spitze eines Eisbergs handeln könnte. Und
man fragt sich auch, ob es aufgrund der Börsenschwäche nicht
noch mehr solcher Schieflagen gab, die unbemerkt blieben.

98.
Wie stark ist der Einfluss von Naturkatastrophen auf die Börsen?

Ich kann mich nicht daran erinnern, dass Naturkatastrophen
jemals einen größeren Einfluss auf Börsen ausgeübt hätten.
Das liegt daran, dass die Börse immer in die Zukunft schaut
und an Ereignissen der Vergangenheit nur dann noch interessiert ist, wenn sie sich in der Zukunft wiederholen könnten
beziehungsweise die Zukunft prägen und beeinflussen. Auch
kommt es bei einer Naturkatastrophe sehr darauf an, ob diese
die Industrie und die Finanzplätze nicht allein im betroffenen
Land, sondern weltweit beeinflusst.

Im Januar 1995 beispielsweise wurde die japanische Millionenstadt Kobe von einem Erdbeben heimgesucht. Bei der Berechnung der Folgen für die Börse geht es nicht nur um die unmittelbaren Schäden (Schätzungen sprachen von 100 bis 500 Milliarden D-Mark), sondern um eine drohende Finanzkrise durch uneinbringliche Kredite, was einer Geldvernichtung von gigantischem Ausmaß gleichkäme.

Zwar beruhigten sich die Finanzmärkte mit der Überlegung, die japanische Zentralbank werde dann schon weiterhin für billiges Geld sorgen. Aber wie nervös die Anleger wurden, zeigte der Absturz des japanischen Nikkei-Aktienindex am Montag, den 23. Januar 1995 um mehr als 5 Prozent, als die Nachbeben kein Ende nahmen und schon Überlegungen die Runde machten, welche Folgen wohl ein mögliches Beben in der Hauptstadt Tokio hätte. Manche Experten sagten gar eine Weltwirtschaftskrise ähnlich jener des Jahres 1929 voraus: Erst werde ein großer Börsencrash kommen, dann zehn Jahre Depression.

Einige Wochen später sprach jedoch kein Börsianer mehr von dem Erdbeben von Kobe.

99.

Haben die Sterne einen Einfluss auf die Börsenbewegungen?

Vor allem in den USA verkaufen sich sogenannte »Astro-Börsenbriefe« recht gut. Es lässt sich nur schwer darüber diskutieren, ob es festgefügte kosmische Kräfte und Gesetze gibt, die unser Leben bestimmen und sich in Sternkonstellationen ablesen lassen. Ich persönlich verneine dies.

Tabelle: DAX und Dow Jones-Index vom 15.10.-2.11.1998

Tag	Datum	DAX	Dow Jones
Do.	15.10.1998	4 399,05	8 299,36
Fr.	16.10.1998	4 489,10	8 416,76
Mo.	19.10.1998	4 458,40	8 466,45
Di.	20.10.1998	4 595,82	8 505,85
Mi.	21.10.1998	4 523,24	8 519,23
Do.	22.10.1998	4 454,28	8 533,14
Fr.	23.10.1998	4 480,43	8 452,89
Mo.	26.10.1998	4 579,64	8 432,21
Di.	27.10.1998	4 682,70	8 366,04
Mi.	28.10.1998	4 564,12	8 371,97
Do.	29.10.1998	4 569,73	8 495,51
Fr.	30.10.1998	4 690,99	8 592,10
Mo.	02.11.1998	4 762,47	8 706,15

Interessant wird es allerdings, wenn sich die Qualität von »Astro-Prognosen« anhand des tatsächlichen Börsengeschehens nachträglich überprüfen lässt. Das geht freilich nur dann, wenn die Vorhersagen nicht nebulös, sondern einigermaßen deutlich formuliert wurden.

Ein bekannter Astro-Börsenbrief wurde von Arch. Crawford verfasst. In ihrer Ausgabe vom November 1998 zitierte die Zeitschrift »Der Aktionär« die folgenden schockierenden Prognosen aus Crawfords Oktober-Börsenbrief, bezogen auf die letzten Oktober- und die ersten Novembertage:

»Es gibt noch viele schlimme Tage im Oktober, wobei die schlimmsten davon aus astrologischer Sicht der 17. bis zum

23. Oktober sind... Erwarten Sie ein eventuelles Tief nahe dem Wochenende vom 30. Oktober bis zum 2. November, wenn Mars einen sogenannten Gottesfinger-Aspekt mit dem exakten Saturn/Neptun-Quadrat bildet.«

Bilden Sie sich anhand der Tabelle selbst ein Urteil über die Qualität solcher Astro-Prognosen!

(Zur Vorgeschichte dieser Börsentage: DAX und Dow Jones-Index hatten am 15. Oktober ihre scharfe Baisse überstanden und waren bereits um je 500 Punkte gestiegen.)

Teil IV

Am Puls der Börse:
Der richtige Zeitpunkt zum Handeln

100.

Wann ist der rechte Zeitpunkt zum Kauf? Und wann sollte man umgekehrt Gewinne mitnehmen?

Bei der mittelfristigen Anlageplanung, also auf Sicht von sechs bis zwanzig Monaten, sollte sich der Anleger einfach an seine alterprobten Analysemethoden halten, die ihm hoffentlich rechtzeitig Kauf- und Verkaufssignale liefern. (→ *Siehe dazu auch Nr. 126–150.*)

Für das *kurzfristige* »Timing«, das durch die gängigen Analysemethoden nur schwer optimiert werden kann (eine Möglichkeit hierzu bietet die Zweiwochenregel, (→ *siehe Nr. 108*), gibt es einige zusätzliche Anhaltspunkte.

Eine bewährte englische Regel lautet: »Sell on good news, buy on bad news!« Man soll also bei guten Nachrichten eher verkaufen, bei schlechten hingegen einsteigen. »Kaufe, wenn die Kanonen donnern!« – so wurde diese bekannte Regel auch schon formuliert. Zu Kaufchancen bei politischen Meldungen → *siehe Nr. 91–92.*

Auch Streiktage oder andere als politisch gefährlich erscheinende Zeitpunkte gelten als Kauftage. Denn die Börse reagiert in der Regel nicht auf bereits bekannte Tatsachen und Zahlen, sondern bewertet die Erwartungen hinsichtlich der Zukunft. Voraussetzung ist, dass das belastende Ereignis zwangsläufig vorübergehender Natur ist – und bei einem Streik ist ja ein zeitliches Ende absehbar.

Nach dem Massaker in Peking auf dem »Platz des himmlischen Friedens« Ende Mai 1989, bei dem etwa 3 000 Menschen getötet wurden, stürzten die Aktienkurse an der Börse Hongkongs binnen weniger Tage um 30 Prozent ab. Das China-Geschäft sei für die Unternehmen Hongkongs zerstört, hieß es, und man sehe schwarz für die Zeit nach der Übernahme Hongkongs durch China nach 1997.

Ich schrieb am 8. Juni 1989 in *Börsensignale*: »Fast immer haben in der Politik wirtschaftliche Überlegungen die Oberhand behalten; die Verhältnisse werden sich normalisieren, Boykotte wird es nicht geben, und die gegenwärtigen Hongkong-Kurse sind – jetzt erst recht – Kaufkurse.«

In den darauffolgenden acht Jahren stieg der Hang-Seng-Index, der die Hongkong-Aktien repräsentiert, insgesamt um rund 800 Prozent.

Der Beginn der Golfkriege im Januar 1991 und im März 2003 löste eine Hausse aus. Die Börse rechnete mit einem baldigen Ende der Kämpfe und einem Ende der belastenden Besetzung Kuwaits durch Saddam Hussein beziehungsweise ein Ende der Saddam-Diktatur – Erwartungen, die sich dann auch erfüllten.

101.

Sind positive Unternehmensmeldungen und höhere Beschäftigungszahlen gut oder schlecht für die Börsenkurse?

Anleger, die sich nur selten mit den Finanzmärkten beschäftigen, schütteln immer wieder den Kopf, wenn sie erleben, dass die Börse auf schlechte Nachrichten hin kräftig anzieht und bei guten Meldungen erst einmal mit Kursverlusten antwortet.

Bekanntlich reagiert die Börse auf positive Meldungen vom Arbeitsmarkt sehr empfindlich. Höhere Beschäftigungszahlen lösen die Besorgnis aus, die Konjunktur könne sich überhitzen, die Lohnkosten unangemessen steigen und damit die Zentralbank dazu bewegen, mit Zinserhöhungen gegenzusteuern. Anleger reagieren deshalb auf solche Meldungen mit Gewinnmitnahmen.

Bei positiven *Unternehmensmeldungen* ist zwischen dem Trend des gesamten Marktes und jenem der betroffenen Aktie zu unterscheiden. In der Regel reagiert die Aktie eines Unternehmens, von dem unerwartet positive Meldungen an die Öffentlichkeit dringen, mit höheren Kursen, obwohl es im Grunde längst zu spät ist, hier noch zu kaufen. Aber dies hängt mit der Tatsache zusammen, dass überraschte Fondsmanager aus Sorge um ihren Arbeitsplatz oft noch wie Anfänger panikartig Positionen aufbauen, um zu vertuschen, dass sie in einem Unternehmen, das so hervorragende Zahlen liefert, nicht engagiert waren. Auch hier gilt jedoch die Regel, dass man anschließend solche Aktien eher verkaufen als kaufen sollte.

102.
Sollte ein Anleger nach einer schlechten Unternehmensmeldung noch verkaufen oder lieber nicht mehr?

Jedenfalls sollte er dies nicht unmittelbar danach tun. Denn dann ist es bereits zu spät und die Börse hat in den meisten Fällen schon kräftig darauf reagiert. Warum handelt man da nicht eher nach der Börsenregel: Kaufe nach schlechten Nachrichten, verkaufe nach guten?

Selbst erfahrene Fondsmanager halten sich häufig nicht daran. Ende Oktober 1997 musste die Entwicklung eines neuen Motors bei Daimler wegen zu hohen Verbrauchs gestoppt werden. Anstatt sich daran zu erinnern, dass die Börse nicht die Vergangenheit, sondern die Zukunft bewertet und sich an die bewährte Regel zu halten, dass man bei schlechten Nachrichten, die in den Kursen ja bereits enthalten sind, eher *kaufen* sollte, wussten einige Fondsmanager offenbar nichts Besseres zu tun, als nach Erscheinen der Nachricht Daimler-Aktien abzustoßen. Solches Verhalten hat wie die üblichen Reaktionen in den USA nach Quartalsergebnissen von Unternehmen nichts mit sorgfältiger Analyse zu tun, sondern soll lediglich »beweisen«, dass der Fondsmanager angesichts schlechter Nachrichten nicht untätig war.

→ *Siehe dazu auch Nr. 43–46, 58–60 und 103.*

103.
Wann wird es Zeit, sich von offenkundig schwachen Aktien zu trennen?

Am wichtigsten ist zunächst einmal, dass Sie nicht dieselbe Aktie *nachkaufen*, wie es Börsenanfänger gerne tun. Es ist fast immer ein Fehler, wenn man »verbilligt« oder »zukauft«. Denn man hatte ja beim Einstieg seine Gründe, eine bestimmte Menge zu kaufen. Diese Gründe werden durch Kursrückgänge nicht ungültig. Am Ende stellt sich heraus, dass die Aktie, in die man viel – zu viel – Anlagekapital gesteckt hat, nun doch kein Kauf war und wieder abgestoßen werden muss.

Wenn Sie bei einer Aktie Kursverluste in Kauf nehmen mussten, sollten Sie sie deshalb nicht gleich verkaufen, es sei denn, die Voraussetzungen, unter denen Sie kauften, hätten sich verändert. Insbesondere nach negativen Meldungen empfiehlt es sich, erst einmal abzuwarten, ob die Aktie nicht aus einiger Distanz wieder objektiver beurteilt wird. Besonders bei Standardwerten sollte man nicht vorschnell handeln. Daimler, Deutsche Bank, Siemens, BASF und Bayer gehören beispielsweise zu den Papieren an der deutschen Börse, mit denen sich zumindest »gut schlafen« lässt. Hingegen kann es bei kleinen Nebenwerten schon mal geraten sein, auszusteigen, wenn die Gewinnlage undurchsichtig ist. Dann sollte man sich an die Regel erinnern: Verluste aufholen, aber nicht unbedingt mit derselben Aktie! Versuchen Sie es mit anderen Aktien, Branchen oder Ländern! Meldet eine Aktie auch Wochen nach einer schlechten Unternehmensnachricht weiter neue Tiefkurse, sollten Sie sie umtauschen.

104.
Ist eine Rezession, also ein Rückgang des Bruttosozialproduktes eines Landes, für die betreffenden Börsenkurse eher positiv oder negativ zu sehen?

Die Erwartung ist eher negativ, das Ereignis eher positiv zu bewerten. Ein Beispiel: Als am 30. September 1998 der Internationale Währungsfonds davon sprach, dass im folgenden Jahr eine Rezession in den USA und einigen europäischen Ländern nicht auszuschließen sei, reagierten die zu diesem Zeitpunkt ohnehin angeschlagenen europäischen Börsen regelrecht panisch. Kursabschläge von 5 bis 8 Prozent waren die Folge.

Die *Erwartung* einer Rezession ist aber offenbar wesentlich belastender für die Börse als diese selbst. Da lebt die Börse dann von der Hoffnung auf Besserung. Der Staat kurbelt die Konjunktur an, die Zinsen werden gesenkt, und somit ist reichlich Geld für Kurssteigerungen vorhanden. Die Rezessionsjahre 1967, 1975, 1983 und 1993 gehörten in Europa tatsächlich zu den besten Börsenjahren der Nachkriegszeit.

105.

Warum sind Quartalswenden sehr häufig ein Anlass für Trendänderungen an der Börse?

Zu Beginn eines neuen Quartals ist es in der Vergangenheit häufig zu Trendänderungen gekommen (siehe dazu auch die Abbildungen 26 und 27). Vermutlich liegt dies am Verhalten der Großanleger (Investmentfonds, Versicherungen). Zum Quartalsende müssen diese nämlich ihre Bücher öffnen und ihre Investitionen offenlegen. Dabei möchten sie freilich die bisherigen Börsenfavoriten in ihren Depots vorweisen können. Vielleicht haben sie sogar kurz vor Quartalsende noch gut gelaufene Titel gekauft, um beweisen zu können, dass sie hier selbstverständlich engagiert sind. Sie haben dann lauter erstklassige Werte im Depot, von denen jeder weiß, wie gut die Kursentwicklung im letzten Quartal verlief.

Umgekehrt legen Fondsmanager nach einer schwachen Börsenentwicklung Wert darauf, rechtzeitig zum Quartalsende noch alle besonders schwachen Aktien aus ihren Depots

Abbildung 26: Hausse-Beginn des DAX im Januar 1991. (Im Januar begann sehr häufig eine neue Hausse.)

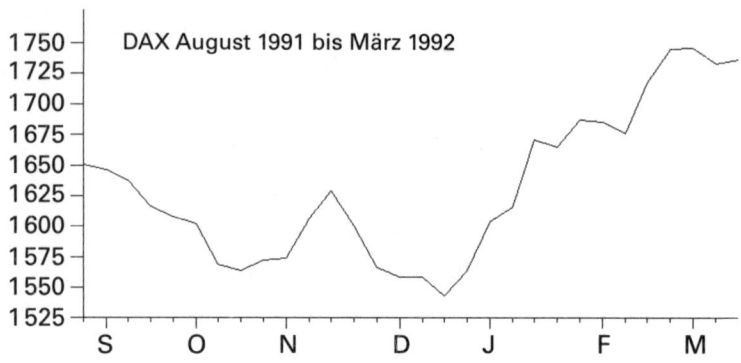

Abbildung 27: Eurostoxx50-Index von April 1992 bis Februar 1993. Abwärts-Wende Anfang Juli 1992, Aufwärts-Wende Anfang Oktober 1992, verstärkt ab Januar 1993.

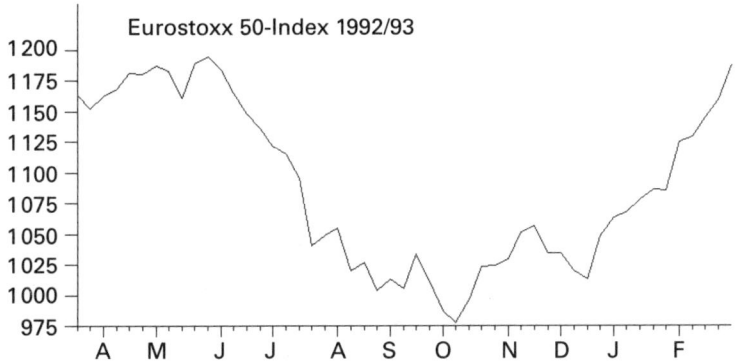

zu entfernen, damit niemand erkennt, welche Problemtitel sie zuletzt noch gekauft oder gehalten hatten.

Dieser Zwang zur Öffentlichkeit entfällt mit Beginn des neuen Quartals zunächst; neue Schwerpunkte können gesetzt werden. Vermutlich werden die Fondsmanager jetzt wieder längerfristigere Strategien verfolgen, die sich von jenen des abgelaufenen Quartals deutlich unterscheiden können.

Eine Folge dieses Zusammenhangs ist, dass sich der Monat *Januar* in der Statistik als stärkster Börsenmonat herausgebildet hat. Die Depots wurden noch im alten Jahr »gesäubert«, nun werden die neuen Aktien ins Depot aufgenommen.

106.

Wenn man zum Kauf entschlossen ist, sollte man dann gleich den gesamten vorgesehenen Betrag investieren oder lieber erst einmal nur zu Teilkäufen schreiten?

Aktienkäufe sollten grundsätzlich gleich nach Vorliegen der Kaufsignale getätigt werden – und nicht später, wenn die Kurse gestiegen sind. Wer sich entschließt, in eine erwartete Hausse einzusteigen, sollte gleich entscheiden, wie viel Kapital er einsetzen möchte, bei dieser Entscheidung bleiben und später nicht nachkaufen. Freilich ist nichts dagegen einzuwenden, wenn sich jemand aus Gründen der zeitlichen Risikostreuung dazu entschließt, gestaffelt zu kaufen, also beispielsweise in der ersten Woche ein Drittel des Depotwerts, eine Woche später das zweite Drittel und nach einer weiteren Woche den verbleibenden Teil.

Viele Börsenneulinge zögern aber viel zu lange. Sie steigen erst dann voll ein, wenn alle Welt positiv über Aktien spricht. Das ist sehr gefährlich. Denn wer in einer Spätphase der Hausse noch Käufe plant, riskiert, zu Höchstkursen zu kaufen. Als Börsenbriefautor oder Anlageberater muss man freilich auch nach gewaltigen Kurssteigerungen jenen Anlegern noch Empfehlungen an die Hand geben, denen bisher der Mut zu Käufen fehlte und die erst nach deutlichem Anziehen der Kurse wieder Vertrauen in den Markt fassen. Solange keine Verkaufssignale vorliegen, ist das auch vertretbar. Dennoch fragt man sich als Berater immer wieder, warum so viele Leute immer viel zu spät kaufen, wenn die Aktien schon wieder recht teuer sind.

107.
Welche Stimmungsindikatoren können anzeigen, dass es an den Börsen allmählich gefährlich wird?

In den Jahren 1997 und 1998 war jeweils im Juli eine besonders lehrreiche Situation zu beobachten: Die Weltbörsen hatten binnen Jahresfrist Kursgewinne von 50 Prozent und mehr verbucht. Immer neue Gesellschaften gingen an die Börse und profitierten davon, dass ihre Papiere den Anlegern am Bankschalter mit Nachdruck empfohlen wurden. Immer mehr Anleger kauften »blind« Aktien von Unternehmen, deren Namen sie bis dahin nicht einmal kannten. Die Tagesschau berichtete täglich über große Kurssteigerungen. Börsensendungen im Fernsehen wurden immer beliebter. Gespräche im Bekannten- und Freundeskreis drehten sich zunehmend um Aktien. Immer neue Gerüchte über angebliche Auslandskäufe wurden gestreut.

Solche Zeiten sind bestens geeignet, um sich als Anleger still und leise von seinen Aktien zu trennen. Man muss es ja nicht laut verkünden, dass man verkauft. Spöttische Blicke wären einem dabei sicher. Stattdessen lasse man die Leute reden und sich in ihrer Euphorie ruhig noch ein wenig austoben. Die Stunde, in der man preiswert zurückkaufen kann, kommt bestimmt.

→ *Siehe dazu auch Nr. 30–38.*

108.

Wie kann man die regelmäßig auftretenden kurzfristigen Schwankungen an den Aktienbörsen nutzen?

Das ist nur sehr schwer möglich. Das Gefühl sagt einem meist nicht, wann ein Markt kurzfristig »hoch« und »überkauft« oder umgekehrt »tief« und »überverkauft« ist. Es gibt auch keine zuverlässige Methode, um solche Schwankungen zu nutzen, obwohl man sich mit der Entwicklung von computergestützten Signalen, die auf kurzfristige Bewegungen reagieren, viel Mühe gegeben hat.

Auch aus Kostengründen ist es nicht ratsam, ständig zu kaufen und zu verkaufen. Allenfalls bei einem ohnehin geplanten mittelfristigen Kauf oder Verkauf kann man versuchen, diese Schwankungen zu nutzen.

Ich empfehle Ihnen in diesem Fall meine einfache *Zweiwochenregel*, die Sie leicht ohne Hilfe eines Computers anwenden können. Sie lautet:

Liegt der aktuelle DAX-Schlussstand (beziehungsweise ein anderer Börsenindex, den Sie beobachten wollen) über allen DAX-Schlussständen der beiden letzten Kalenderwochen (und über den Kursen der begonnenen Woche), dann sind wir kurzfristig »hoch«.

Liegt der aktuelle DAX-Schlussstand unter allen Schlussständen der beiden letzten Kalenderwochen (und unter den Kursen der begonnenen Woche), dann sind wir kurzfristig »tief«.

109.

Was ist die richtige Tageszeit für Käufe oder Verkäufe?

Vermeiden Sie es, aufgrund von Börsenereignissen in New York, Tokio oder Hongkong gleich am Morgen um 9:00 Uhr panikartig zu handeln. Was Sie an Reaktionen erwarten, erhoffen oder befürchten ist inzwischen längst auch hierzulande in den Kursen enthalten. Warten Sie lieber auf die Reaktion in die *andere* Richtung, die sehr oft beim zweiten Nachdenken erfolgt.

Besonders vorsichtig sollten diejenigen sein, die auch vor den Terminbörsen nicht zurückschrecken. Vergessen Sie nie: Meist ist der Markt erst nach 11 Uhr so gefestigt und sind die Kurse an den Terminbörsen so breit gestellt, dass Sie handeln können – wenn es unbedingt sein muss. Grundsätzlich sollte der Privatanleger an den Terminbörsen nur zur Absicherung, aber nie mit dem Ziel schneller Tagesgewinne, handeln, weil er meiner Erfahrung nach kaum in der Lage ist, auf Trendänderungen unverzüglich und angemessen zu reagieren. Bis er seinen Auftrag platziert hat, vergeht mindestens eine Minute. In dieser kann sich bereits vieles geändert haben.

→ *Zum Terminbörsenhandel siehe auch Nr. 21–25 und 48–50.*

Teil V

Standard-, Wachstums- oder Nischenwerte: Die Qual der Wahl

110.

Warum wählt man bei seiner Anlageentscheidung nicht ausschließlich Werte von Unternehmen aus, die Jahr für Jahr höhere Gewinnwachstumsraten melden?

Weil diese Aktien sehr teuer sind. In der Tat wurde eine ganze Generation von Anlageberatern in dem Sinn geschult, dass man nur Aktien halten sollte, die jährlich und kontinuierlich ein immer höheres Wachstum melden. Aber war geschieht, wenn einmal im Verlauf eine »Wachstumsdelle« auftritt? Wachstumsdogmatiker verkaufen dann sofort, ganz gleich ob mit 10 Prozent Kursverlust oder gar mit 30 Prozent, wie es im Jahre 1996 bei Siemens sowie SAP geschah. Im Fall von SAP haben die Pessimisten ihren verfrühten Ausstieg bald bitter bereut.

Ein solches dogmatisches Verhalten wäre noch zu begreifen, wenn bei all diesen verkauften Titeln tatsächlich magere Jahre zu erwarten wären. Selbstverständlich trennt man sich von Aktien, die lahmen, und holt die Verluste mit anderen, stärkeren Aktien wieder auf.

Aber so einfach, wie viele meinen, gestaltet sich die Analyse nicht. Zeitweilige Wachstumsrückgänge bei einem Unternehmen sind normal und oft nur auf Umstrukturierungen oder Neubewertungen von Positionen zurückzuführen. Die meisten der Aktien, die übereifrige Fondsmanager in den letzten Jahren aufgrund enttäuschender Quartalszahlen zwischenzeitlich im Kurs gedrückt hatten (Philip Morris, Intel, Compaq, Disney, Microsoft, Schering, Siemens, SAP, Philips und andere), konnten sich nach anfänglicher Verunsicherung bald wieder erholen und oft neue absolute Höchstkurse erreichen.

Das heißt: Die »Analysen« dieser Fondsmanager waren völlig oberflächlich und beruhten nur auf kurzfristigen Zahlen, die keine tieferen Einblicke in die innere Dynamik des jeweiligen Unternehmens zuließen.

Kleinanleger werden durch diese aus heiterem Himmel kommenden Panikverkäufe in der Regel völlig überrascht.

111.

Sollte man vorzugsweise zurückgebliebene Aktien kaufen oder eher solche, die sich in letzter Zeit stärker als der Durchschnitt nach oben bewegt haben?

Eindeutig die zweite Variante, denn die Favoriten wechseln im Verlauf einer Hausse in der Regel kaum. Wenn ich eine Aktie ins Auge fasse, weil sie in den letzten Monaten stärker gestiegen ist als andere Titel, überlege ich mir daher nur noch, ob es bestimmte Gründe gegen den Kauf dieser Aktie gibt.

Die Aktie könnte zur Zeit *in aller Munde* sein. Wird sie bereits von Bankberatern oder in den Medien kräftig empfohlen, dann ist das jedenfalls als Minuspunkt zu werten.

Die Aktie könnte *zu teuer* sein. Kurs-Gewinn-Verhältnisse (→ *siehe dazu Nr. 115)* von 50 und mehr kann man nur bei sogenannten »Turn-around«-Werten oder bei großen »Substanzaktien« (zum Beispiel Versicherungen) akzeptieren. Turn-around-Unternehmen sind Gesellschaften, die nach verlustreichen Jahren wieder davor stehen, die Gewinnschwelle zu erreichen. Substanzaktien sind Anteilscheine von Unternehmen, die über großen Grundbesitz verfügen oder an anderen Gesellschaften beteiligt sind.

Meldungen, dass trotz erstklassiger Gewinnsituation in den nächsten Jahren weitere Gewinnverdoppelungen und -verdreifachungen zu erwarten stünden, sollte man mit Vorsicht begegnen. Denn in die Kursbildung sind diese Meldungen schon eingegangen, und jede Enttäuschung führt dann zu scharfen Rückschlägen.

Die Aktie könnte *markteng* sein. In der Regel ist das nur bei Nebenwerten der Fall, kommt aber auch bei ausländischen Titeln oft vor.

Abgesehen von solchen Einschränkungen sollte man sich aber grundsätzlich an der relativen Stärke von Aktien im Verhältnis zum Gesamtmarkt orientieren. (→ *Siehe dazu Nr. 113, 123, 131 und 142.)*

112.

Weisen nicht selbst Börsenexperten immer wieder darauf hin, man müsse auf »zurückgebliebene Aktien« achten?

In der Tat: Solche Empfehlungen lassen sich immer wieder beobachten.

Ein Beispiel: Die Züricher Börse gehörte im Frühjahr 1995 zu den Plätzen, deren Aktien im weltweiten Vergleich sehr gut abgeschnitten hatten. Das veranlasste damals sogar die renommierte *Wirtschaftswoche* dazu, in ihrer Ausgabe vom 6. Juli 1995 unter der Überschrift »Verschnaufpause erwartet« zu schreiben: »Wer schnelle Gewinne schätzt, kann jetzt verkaufen, die noch im Minus liegenden Titel sollten gehalten werden.« Folgerichtig wurden dann auch zurückgebliebene Aktien wie damals Oerlikon-Bührle mit dem Argument »Gestärkte Ertragskraft« empfohlen.

Solche Ratschläge widersprechen völlig dem Prinzip der Relativen Stärke (→ *siehe auch Nr. 113).* »Gewinne laufen lassen, Verluste glattstellen« – das ist die richtige Regel!

Seltsamerweise meinen manche Berater, Aktien zeigten innerhalb eines Landes stets ein »Gruppenverhalten«, bei dem die »Starken« auf die »Schwachen« warten. Meist stimmt das Gegenteil, und wer schon bei den gut laufenden Aktien Gewinnmitnahmen empfiehlt, müsste dies bei den »lahmen Enten«, die offenbar kein Großanleger haben will, erst recht tun.

→ *Siehe dazu auch Nr. 124.*

113.

Wie erkennt man auf den ersten Blick relativ starke Aktien?

In der Anfangsphase einer Hausse sind bei der Aktienauswahl diejenigen Titel zu bevorzugen, die soeben neue Jahreshöchstkurse erreicht haben oder zumindest in der Nähe ihrer Hochs liegen. Das sind die »relativ starken« Aktien.

In einer fortgeschrittenen Phase muss man jedoch Vorsicht walten lassen, vor allem bei jenen Titeln, die erst sehr viel später als andere ein neues Jahreshoch erreichen. Hier ist viel Fingerspitzengefühl nötig. Es ist wohl möglich, dass ein solcher »Spätzünder« nunmehr ein neuer Favorit wird. Aber das ist keineswegs sicher. Wenn eine Aktie erst sehr spät haussiert, muss das nicht heißen, dass sie jetzt weiter gefragt bleibt. Sie wird vielleicht nur gekauft, weil Nachzügler am Markt sind, die in der Spätphase der Hausse alles kaufen, was noch halbwegs »billig« erscheint.

Als Ergänzung zur Trendanalyse einer Aktie sollten daher immer auch die fundamentale Situation des Unternehmens, das Kurs-Umsatz-Verhältnis, das Kurs-Buchwert-Verhältnis sowie das Kurs-Gewinn-Verhältnis (→ *siehe dazu auch Nr. 115*) berücksichtigt werden.

114.
Wie beurteilt man Aktien, wenn das ganze Land »zurückgeblieben« ist?

Betrachtete man im Zeitraum von 1996 bis 1998 die Entwicklung ostasiatischer, tschechischer, mexikanischer oder österreichischer Aktien, dann lautete stets die erste Reaktion: »Kaufen! Die sind ja noch spottbillig!«

Dann kam das Nachdenken, und man erinnerte sich auch anderer Regeln: »Niemals zurückgebliebene Aktien kaufen!« – »Lahme Enten bleiben lahme Enten!«

Wie verhält man sich jedoch, wenn die Aktien im Verhältnis zum betreffenden Leitindex gar nicht »lahm« sind, weil sich *das ganze Land* in der Aktienkursentwicklung im Rückstand befindet?

Im Unterschied zu Aktien innerhalb eines Landes, wo die Favoriten meist bis zum Höhepunkt der Hausse ihre Stellung verteidigen, kommt es zwischen den Ländern immer wieder zu einem Wechsel der Favoriten. Bei der Frage, welche Länder bei Neuanlagen zu bevorzugen seien, sollte man sich auch auf die alte Regel besinnen, dass politisch bedingte Tiefkurse meist Kaufkurse sind. Man kann aber bei schwachen Ländern mit Käufen warten, bis die Entwicklung an deren Börsen zumindest mit dem Durchschnitt der bereits gut behaupteten Landesbörsen gleichgezogen hat.

115.

Hat das Konzept der Relativen Stärke nicht auch Grenzen? Oder darf man bisherige Trends bis in alle Ewigkeit hochrechnen?

Natürlich nicht. In der Spätphase einer Hausse sind viele gut gelaufene Aktien schon ausgereizt. Ich persönlich achte in dieser Phase des Börsenzyklus bei Kaufempfehlungen vor allem darauf, welche Titel neue Höchstkurse erreichen und gleichzeitig noch preisgünstig sind. Das *Kurs-Umsatz-Verhältnis (KUV)*, das *Kurs-Buchwert-Verhältnis (KBV)* und das *Kurs-Gewinn-Verhältnis (KGV)*, die viele Börsenzeitschriften zumindest für die wichtigsten Aktien veröffentlichen, sind besonders in dieser Spätphase ein sehr hilfreicher Anhaltspunkt. Beim KUV und beim KBV gilt die Regel, dass der Börsenwert den Jahresumsatz höchstens um das Doppelte, den Buchwert höchstens um das Dreifache übertreffen sollte. Das KGV drückt aus, wie viele Jahre ein Unternehmen bräuchte, um bei gleichbleibender Ertragslage den derzeitigen Kurs seiner eigenen Aktien zu verdienen.

Man kritisiert diese Zahlen oft als zu »statisch«; es werde schnell wachsenden Unternehmen und auch dem hohen Substanzwert mancher Unternehmen nicht gerecht.

So wird zum Beispiel behauptet, das KGV dürfe so hoch sein wie das jährliche Gewinnwachstum eines Unternehmens.

Ob aber ein Unternehmen wirklich *auf Dauer* so schnell wächst und seine Gewinne entsprechend steigert, ist gar nicht leicht zu beurteilen. Und auch die Beteiligungen eines Unternehmens sind oft recht schwer einzuschätzen. Geschickten Bilanzbuchhaltern wird es nicht schwer fallen, je nach Bedarf hohe oder niedrige Vermögenswerte auszuweisen.

116.

Gibt es außer dem KUV, KBV und KGV und dem Gewinnwachstum noch andere Kriterien für die Qualität von Unternehmen?

Zur Information ganz hilfreich sind die sogenannten »Ratings« von Standard & Poors, mit denen US-Aktien anhand der Unternehmensqualität bewertet werden. Dabei wird die Unternehmensentwicklung in den letzten zehn Jahren untersucht. A+ ist dabei für ein Unternehmen die höchste Auszeichnung; es folgen A, A-, B+ und so weiter. Große Standardwerte mit gleich bleibendem Gewinnwachstum erhalten meist ein sehr gutes Rating.

Soll man solche Ratings gezielt beachten? Eigentlich müssten sie ja sogar »Anti-Indikatoren« darstellen, denn sie sind seit Jahren bekannt, ändern sich nicht sehr schnell und sind in den Kursen enthalten. Daher müsste man folgern: »Titel mit dem Rating A+ kaufe ich nie, denn da kann es nur abwärts gehen. Ich kaufe mit B oder C bewertete Titel, denn hier sind Verbesserungen zu erwarten.«

Interessanterweise sind aber in den neunziger Jahren Aktien mit dem Rating A+ besonders gern gekauft worden und haben sich weiter überdurchschnittlich entwickelt, auch wenn sie zwischenzeitlich, Qualität hin oder her, an der Börse viel zu hoch bewertet waren.

117.

Warum sind ausgesprochen teure Aktien wie Pharmawerte, oder auch Coca-Cola, Apple, Oracle und SAP so beliebt?

Über die Gründe der Beliebtheit relativ teurer Qualitätsaktien kann man nur spekulieren. Ich vermute, dass da einfach das Sicherheitsbedürfnis von Fondsmanagern und Anlageberatern zum Tragen kommt. Erleiden sie mit einer B- oder C-Aktie Schiffbruch, dann droht ihnen der Hinauswurf nach dem Motto: »Alle Welt wusste, dass diese Aktie nicht gerade bester Qualität war, nur Sie Esel wussten es offenbar nicht!«

Was liegt da für risikoscheue Manager näher, als immer nur Aktien mit dem Gütezeichen A+ in den Fonds beziehungsweise in die verwalteten Depots zu legen? Dann kann man sich bei Kursrückgängen immer darauf berufen, nur »beste Qualität« gekauft zu haben und die jüngste negative Entwicklung wirklich nicht geahnt haben zu können. Genau das haben diese Geldverwalter in den letzten fünfzehn Jahren auch getan. Deshalb gibt es immer wieder so viele überbewertete »Qualitätsaktien«.

Dennoch können wir uns von dem Sicherheitsbedürfnis der Fondsmanager nicht ganz abkoppeln. Solange diese aus Bequemlichkeit nur »erste Qualität« kaufen, können wir solche Aktien nicht ignorieren, solange sie steigen – auch wenn sie schon überbewertet sind. Deshalb bleiben zur Orientierung auch Rating-Listen wichtig.

118.

Gibt es bestimmte Wachstumsaktien, die man immer nur zum Höchstkurs kaufen kann und auch nie wieder veräußert?

Bis zu den Kursstürzen der Jahre 2000 bis 2002 konnte man unerfahrenen Anlegern dieses Märchen noch erzählen. Man argumentierte: Wenn sich ein Kurs wie der von Coca-Cola zwischen 1988 und 1998 verzwölffacht hat – ist das dann nicht der Beweis, wie unsinnig Verkäufe solcher Aktien sind? Und Coca-Cola sei nur ein Beispiel von vielen. Mit anderen Aktien seien ähnliche Erfolge erzielt worden. Können solche Aktien also tatsächlich immer nur zum Höchstkurs gekauft werden, wie es ein Börsenbrief formulierte?

Ich halte solcherlei »rückblickende Analysen« für gefährlich, da sie auf einer Illusion aufbauen. Erstens hat es auch bei Coca-Cola und anderen in den achtziger und neunziger Jahren immer wieder Korrekturen um bis zu 20 Prozent gegeben. In Graphiken, die die jeweilige Kursentwicklung nur zurückblickend vom neuesten Höchstkurs aus betrachten, in denen also frühere Schwankungen unbedeutend wirken, sind diese Korrekturen natürlich leicht zu ignorieren. Der Absturz im Jahre 2002 fiel bei einigen dieser angeblich gegen jeden Absturz gefeiten Aktien besonders drastisch aus (bis zu 50 Prozent!).

Zweitens: Welche Aktien als »Wachstumsaktien« anzusehen sind, weiß man immer erst dann, wenn sie »gewachsen« sind. In den achtziger Jahren galten Papiere wie Coca-Cola noch als Langweiler, ohne jede Kursphantasie. Als aussichtsreiche Wachstumsaktien galten damals »Blue Chips« wie IBM oder Siemens, die aber in der Zwischenzeit keineswegs glänzten.

→ *Siehe zum Thema Wachstumsaktien auch Nr. 132.*

119.

Können Aktien von Unternehmen, die soeben das Management gewechselt haben, als viel versprechend gelten?

In der Regel ja. Allein die Hoffnung auf den neuen Mann (oder die neue Frau) an der Spitze führt oft zu erheblichen Kurssteigerungen. Eine solche Aktie muss aber sehr frühzeitig gekauft werden, nicht erst dann, wenn die Kurse bereits in Erwartung eines »frischen Windes« kräftig gestiegen sind. Sehr häufig setzt nach einiger Zeit wieder Ernüchterung ein.

Ein neues Management darf auch nicht das einzige Kriterium für den Kauf einer Aktie sein. Relative Stärke – also die Kursentwicklung im Vergleich zum Gesamtmarkt – und eine angemessene, nicht zu hohe Bewertung an der Börse sind mindestens ebenso wichtig. (→ *Siehe dazu Nr. 113, 115 und 116.*)

120.

Was ist im Allgemeinen zu bevorzugen: Standardaktien oder Nebenwerte?

In den neunziger Jahren fiel auf, dass die großen bekannten Standardaktien, die im Dow Jones-Index oder im DAX enthalten sind, sehr viel besser abschnitten als die sogenannten Nebenwerte. Der so genannte »MDAX« der mittleren deutschen Unternehmen hat in den Jahren 1995 bis 1998 bei weitem nicht in gleicher Weise zugelegt wie der DAX. Ähnliches lässt sich auch für andere europäische Länder beobachten.

Eine Erklärung sahen viele in den engen Märkten der

Nebenwerte, die vor allem für die großen ausländischen Fonds-gesellschaften nicht attraktiv seien. Das ist aber nur die halbe Wahrheit. Der Hauptgrund ist in dem persönlichen Sicher-heitsbedürfnis der Fondsmanager und Vermögensverwalter zu suchen. Diese kaufen viel lieber »sichere« Aktien wie Deutsche Bank, Siemens, VW, Roche und Novartis als Papiere wie Kuka, Gildemeister oder Bucher. Falls es schief geht, können sie kur-zerhand auf die Qualität dieser Unternehmen hinweisen und niemand kann ihnen einen Vorwurf machen. Hingegen besteht beim Kauf von Nebenwerten ein sehr viel größerer Rechtferti-gungszwang. Man wartet daher zunächst auf gute Nachrich-ten, um dann zu kaufen, wenn die Aktie »in« ist. Denn es will sich schließlich niemand nachsagen lassen, dass er bei einer Kursrakete nicht dabei gewesen sei.

So kommen die in den letzten Jahren typischen Kursbewe-gungen für Nebenwerte zustande: Monatelang tut sich gar nichts, man schätzt die Aktie schon als langweilig ein, und plötzlich ereignen sich Kurssprünge von 20 Prozent und mehr. Denn irgendwann holen die Nebenwerte selbstverständlich auf, etwa in den Jahren 2003 bis 2006. Da erzielte der MDAX eine wesentlich bessere Performance als der DAX.

121.
Sollte man nicht Neuemissionen von Aktien kaufen, um hier von Anfang an dabei zu sein?

In Neuemissionen einzusteigen habe ich noch nie versucht. Erstens erhält der Anleger nur eine begrenzte Stückzahl (und auch dies oft nur mit viel Glück oder guten »Beziehungen«). Zweitens: Ob sich eine Neuemission zu einem Renner oder

Flop entwickelt, lässt sich vorab nicht zuverlässig ermitteln. Man weiß es erst nach etwa einem Jahr.

Drittens: Wer neue Aktien anbietet, braucht Geld, will die Eigenkapitalbasis stärken oder (wie bei Familienunternehmen oft der Fall) einfach Kasse machen. Sicher besteht der Hauptgrund der Emission nicht darin, Anlegern einen Gefallen zu tun.

An den Jubelartikeln in Zeitungen oder Bankprospekten darf man sich keinesfalls orientieren, weil all die dort genannten Fakten ja bekannt und dann bereits im Kurs enthalten sind. Wird der Kurs, wie üblich, im Bookbuilding-Verfahren (also nach Angebot und Nachfrage) ermittelt, wird sich das Unternehmen sogar besondere Mühe geben, sich entsprechend herauszuputzen, weil dann mehr Geld in die Kassen kommt.

Besonders hellhörig sollte man sein, wenn an der Emission beteiligte Banken ihre Kunden anrufen und ihnen die Aktien geradezu aufdrängen. Ein Anleger berichtete mir sogar, dass ihm in einem Fall empfohlen wurde, andere Aktien zu verkaufen, um bei der Neuemission einsteigen zu können.

122.
Sollten sich Anleger an zusätzlichen Aktien eines Unternehmens beteiligen, zum Beispiel im Rahmen von Kapitalerhöhungen?

In der Regel ist dies nicht nötig. Denn wenn man bereits Aktien eines Unternehmens besitzt, erwirbt man bei Ausgabe neuer, verbilligter Aktien automatisch ein so genanntes »Bezugsrecht«, das man auch an der Börse verkaufen kann, anstatt es auszuüben.

Ob die Bekanntgabe einer Kapitalerhöhung bei den Aktionären des Unternehmens gut ankommt, ist sehr von der jeweiligen Börsenstimmung abhängig. Wie schlecht es um das Nervenkostüm vieler Groß- und Kleinanleger in den Jahren 2003 bis 2005 speziell in Deutschland bestellt war, zeigte die Tatsache, dass einfach keine neuen Aktien mehr angeboten wurden. Die Unternehmen hätten viel zu niedrige Preise für ihre Anteile erzielt. In den neunziger Jahren musste einmal der Kurs von Volkswagen unter einer angekündigten Kapitalerhöhung schwer leiden (zum Kursverlauf bei VW siehe Abbildung 28).

Auf den ersten Blick scheint dieses Verhalten unlogisch zu sein, muss sich doch niemand an einer Kapitalerhöhung beteiligen und lässt sich mit dem Verkauf von Bezugsrechten sogar eine Art zusätzlicher Dividende einstreichen.

Aber der Ärger etwa bei den VW-Anlegern im September 1997 war durchaus berechtigt. Wenn ein Unternehmen frisches Kapital akquirieren will, ohne gleichzeitig zu sagen, wofür es dieses benötigt, dann liegt der Verdacht nahe, dass es einfach die gerade hohen Kurse nutzen will, um Kasse zu machen. Wenn aber ein Unternehmen seinen eigenen Aktienkurs schon

Abbildung 28: Die Folgen der angekündigten VW-Kapitalerhöhung von Anfang September 1997

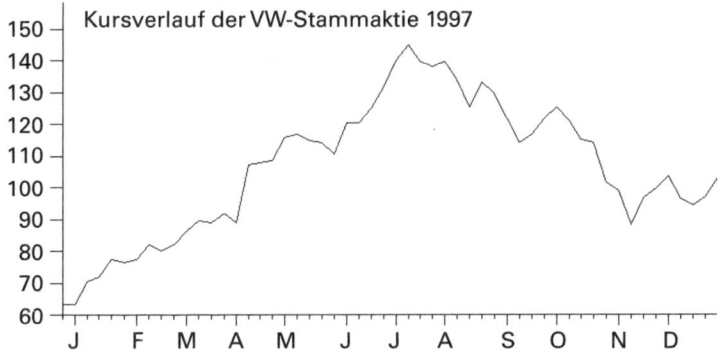

für ausgereizt hält, dann werden die Aktionäre das freilich oft als Alarmsignal werten. Die Quittung folgt auf dem Fuße.

Dennoch: Erfahrungsgemäß legt sich die Aufregung über Kapitalerhöhungen nach kurzer Zeit wieder.

123.
Wenn eine meiner Aktien bei stabilem Gesamtmarkt plötzlich schwächer wird, sollte ich sie dann verkaufen, auch wenn keine neue Nachricht vorliegt?

Es ist tatsächlich äußerste Vorsicht angebracht, wenn bisher gute Aktien ohne zunächst erkennbaren Grund plötzlich vernachlässigt werden. Wenn eine Aktie trotz freundlichstem allgemeinem Börsentrend wochenlang täglich Kursverluste einstecken muss, ohne dass eine Gewinnwarnung oder ein schlechter Quartalsbericht des Unternehmens die Kursverluste erklärt, dann sind offenbar ein paar Insider am Werk, die Gründe für ihre Verkäufe haben. Gerade dann also, wenn man *keine* negativen Nachrichten über ein Unternehmen erhält, kein Analyst und keine Investmentbank das Unternehmen zurückgestuft haben und ein Kursrückgang somit unerklärlich ist, bedeutet dies Alarmstufe eins für die betreffende Aktie. Man sollte sie schon dann verkaufen, wenn der Kursrückgang zwei bis drei Wochen lang angehalten hat.

124.

Welche Aktien sollte man zuerst verkaufen, wenn man an den Börsen auszusteigen beginnt?

Es gibt eine einfache Regel, die zu befolgen den meisten Anlegern aber äußerst schwer fällt: Man verkaufe zuerst die Aktien, mit denen man am meisten im Verlust beziehungsweise am wenigsten im Gewinn liegt. Denn das sind die schwächsten Titel, bei denen in nächster Zeit die geringsten Kursgewinne zu erwarten sind bzw. die größten Verluste drohen.

Auch wenn dies dem seinem Verlust nachtrauernden Aktienbesitzer gar nicht schmecken mag, weil er ja hofft, die Nachzügler unter seinen Aktien würden das Versäumte noch aufholen, so hat sich diese Regel doch in rund 80 Prozent aller Fälle als richtig erwiesen.

→ *Siehe dazu auch Nr. 112.*

125.

Wenn man sein eigenes Aktiendepot verwaltet, ist dann nicht höchste Aufmerksamkeit erforderlich, um immer jene Aktien ins Depot stellen zu können, die gerade gut laufen?

Vermeiden Sie ständiges Umschichten in Ihrem Depot! Welche Aktien kurzfristig bevorzugt werden, ist oft nur Modesache. In den neunziger Jahren noch hochgelobte Elektronik-Titel wie Texas Instruments und Sun Microsystems waren nach der Jahrtausendwende plötzlich »out«, weil ihre Wachstumschancen plötzlich angezweifelt wurden.

Anderes Beispiel: Aufgrund bloßer Gerüchte, der Autoabsatz in Lateinamerika könnte wegen einer von Finanzproblemen ausgelösten Kaufzurückhaltung ins Stocken geraten, wurden Ende 1997 Fiat-Aktien plötzlich wie heiße Kartoffeln abgegeben. Ein Vierteljahr später haussierte die italienische Börse, und Fiat war selbstverständlich dabei.

Es scheint immer weniger Fondsmanager zu geben, die wie einstmals Peter Lynch aufgrund *eigener* Analysen handeln. Wenn heute einer lauthals schreit und rennt, laufen ihm gleich viele andere nach, die sich nicht dem Vorwurf aussetzen wollen, sie seien untätig gewesen.

Teil VI

Wissenschaft oder Kunst:
Welche Analyseformen und -methoden
sind Erfolg versprechend?

126.

Ist nicht ein eigener klarer Standpunkt die Grundvoraussetzung für eine erfolgreiche Börsenanalyse?

Vor einigen Jahren erhielt ich den Anruf eines Lesers der *Börsensignale*, der wissen wollte, wie ich die Börsenlage derzeit einschätze. Ich zählte ihm kurz meine Indikatoren auf und teilte ihm mit, dass die Hinweise auf steigende Kurse jene auf fallende Kurse überträfen. Infolgedessen würde ich derzeit mit einem Aufwärtstrend rechnen.

»So«, sagte er, »und jetzt sagen Sie mir einmal: Was meinen Sie selbst, Sie persönlich?«

Als ich erwiderte, mehr könne ich auch »persönlich« nicht sagen, wurde er fast aggressiv: »Sie müssen doch eine *Meinung* haben!«

Zuerst die Meinung, dann die Analyse? Diese Reihenfolge scheint tatsächlich das Denken und Handeln vieler Anleger zu bestimmen. Man hat ein Gefühl, das man »Meinung« nennt. Auf diesem beharrt man und versucht es auch bei Schieflagen immer wieder anhand von Tatsachen zu begründen. Das aber ist der falsche Weg.

»Ein starker Dollaranstieg würde der US-Börse nicht gut bekommen«, schrieb mir einmal ein Leser, der im Jahre 1995 trotz sinkender Zinsen und stabilen US-Dollars eine Aktienbaisse erwartete. Und dann, so folgerte er, würden auch die Europäer und Japaner in den Baisse-Strudel hineingezogen.

Auch bei diesem Leser stand die Meinung zeitlich vor der Begründung – die aber an den Haaren herbeigezogen und nachweislich falsch war. Denn die Auffassung, dass ein steigender Dollar den US-Aktien schade, ist durch Daten der letzten Jahrzehnte nicht belegbar. Im Gegenteil: Auch die US-Börse präsentierte sich bei steigendem Dollar in der Mehrzahl der Fälle stärker als bei schwachem Dollar (→ *siehe dazu auch Nr. 85–86*).

Man muss darauf achten, dass man seine Prognosen wirklich nach objektiven Kriterien erstellt und nicht etwa sein bereits vorgefertigtes Urteil durch eigenwillige Interpretationen von Daten »bestätigt« und sich damit selbst manipuliert.

127.

Gibt es Zeiten, in denen eine Börsenanalyse besonders schwierig fällt – und Zeiten, in denen alles eindeutig ist?

Diese Frage möchte ich verneinen. *Jede* Börsensituation ist unklar, sonst gäbe es nur Käufer oder Verkäufer. Die Tatsache aber, dass Börsengeschäfte getätigt werden, bedeutet, dass 50 Prozent der Handelnden der Meinung sind, ihre Papiere würden steigen. Die andere Hälfte meint, sie würden fallen – sonst würden sie ja nicht verkaufen.

Sicherlich mag es Wochen geben, in denen sich die bewährten Signale für steigende und fallende Kurse widersprechen, etwa wenn die Zinsen sinken (Hinweis auf steigende Aktienkurse), aber gleichzeitig der Kurs des US-Dollars fällt und die Mehrzahl der Aktienindizes einen Abwärtstrend einschlagen. Oder Zeiten, in denen die US-Börse schwach ist, während die europäischen Börsen im Steigen begriffen sind. Der erfahrene Anleger weiß, dass solche widersprüchlichen Signale sich bald aufklären werden. Er wartet einfach ab, ohne besondere Risiken einzugehen.

128.

Kann man die Gewinne der wichtigsten Unternehmen für das folgende Jahr nicht schätzen und daraus den Wert errechnen, den der DAX und andere Indizes erreichen werden?

Der Versuch, aufgrund von geschätzten Gewinnzuwächsen der Großunternehmen eines Staates für die folgenden Jahre eine Indexentwicklung zu ermitteln, ist zwar immer wieder unternommen worden, hat aber stets zu Fehlprognosen geführt. Das könnten die Verfechter dieser sogenannten »Fundamentalanalyse« unschwer feststellen, wenn sie sich einmal die Mühe machten, diese Methode einige Jahrzehnte rückwirkend zu testen.

Wer nur betriebswirtschaftlich zu denken gewohnt ist, begnügt sich damit, die Gewinnsteigerungen eines Unternehmens in die Zukunft fortzuschreiben. Da fehlt das Gespür für Konjunkturzyklen. Länger als drei Jahre im Voraus kann kein Mensch Gewinnzuwachsraten in einem Unternehmen objektiv vorhersagen. Deshalb sollte man auch keine Börsenkurse akzeptieren, die bereits kontinuierliche Gewinnsteigerungen über fünf und mehr Jahre voraussetzen, damit die Aktie zu diesem Preis rentabel ist.

Vielleicht sind viele Betriebswirtschaftler deshalb an der Börse so wenig erfolgreich, weil an der Börse nicht das Denken in Zuwächsen, sondern in Zyklen gefragt ist.

Im Übrigen sind die geschätzten Unternehmensgewinne für die jeweils folgenden Jahre längst in den aktuellen Kursen enthalten. Nur *Änderungen* der Gewinne können sich noch kurserhöhend oder kursmindernd auf die Aktien auswirken. So sollte man Gewinnprognosen einzelner Unternehmen allenfalls nach bereits kräftigen Kurssteigerungen zur Auswahl mit heranziehen, um in einer solchen Börsenphase nicht zu teuer einzukaufen.

129.

Hängt der Börsenwert eines Unternehmens nicht davon ab, wie viel dieses im kommenden Jahr verdienen wird und deshalb objektiv »wert« ist?

So einfach liegen die Dinge schon deshalb nicht, weil es für die Börse mindestens ebenso wichtig ist, wie die Aussichten für die nächsten *fünf Jahre* sind. Das weiß aber niemand, und daher ist die Kursentwicklung von der diesbezüglichen Einschätzung aller Börsenteilnehmer abhängig sowie von der Höhe der flüssigen Mittel, die sie jetzt einsetzen wollen.

Anders gesagt: Ob die Kurse von Aktien steigen oder fallen, hängt nicht in erster Linie von den Unternehmensgewinnen ab, sondern davon, wie viel »überschüssiges Kapital« vorhanden ist, das in der Wirtschaft im Moment nicht gebraucht wird. Man spricht hier von der sogenannten »Liquidität«. Ohne Liquidität gibt es keine steigenden Kurse. Stimmungen können sich rasch ändern, Liquidität nicht so schnell. Ist Kapital vorhanden, sucht es sich früher oder später seine günstigste Anlage.

Das erklärt auch, warum die Kurse sehr oft in einer Wirtschaftskrise steigen. Aufgrund fehlender Absatzmärkte wird weniger investiert. Kapital ist frei für die Börse. Aktienanleger müssen daher immun sein gegenüber schlechten Meldungen aus der Wirtschaft. Sie können sogar in erstklassige Aktien investieren, die soeben eine Gewinnwarnung veröffentlicht haben und daraufhin von hysterischen Verkäufen um 20 Prozent oder mehr nach unten gedrückt wurden. Was in den Kursen enthalten ist, kann im Allgemeinen keinen Schaden mehr anrichten.

130.

Wie wertvoll sind für den Anleger die Veröffentlichungen der neuesten Quartalsergebnisse von Unternehmen?

Wüsste man sie einen Tag vor ihrer Bekanntgabe, würde sich zweifellos eine kurzfristige Spekulation lohnen. Danach aber ist es zu spät, weil die Börse bereits überreagiert hat. Denn nach dem Vorbild der USA haben bei vielen Fondsgesellschaften in aller Welt seit ein paar Jahren Manager das Sagen, die ihre Kauf- und Verkaufsentscheidungen vor allem von den neuesten Quartalsergebnissen abhängig machen. Fallen diese nicht so aus wie erwartet, wird sofort verkauft.

Zwar ist das betriebswirtschaftlich gesehen reiner Unfug. Denn es veranlasst Unternehmen zu ständigen kurzfristigen Bilanzaufbesserungen, die nur der Optik dienen, statt zur Verfolgung einer konsequenten langfristigen Strategie.

In Wirklichkeit können die Zukunftsaussichten eines Unternehmens trotz eines schwächeren Quartalsergebnisses sehr gut sein. Die Zahlen, die die Börse verstimmten, waren möglicherweise durch Umstrukturierungen oder vorübergehende Belastungen bedingt. Wenn Rendite und Wachstum stimmen, sollte ein schwächeres Quartalsergebnis verkraftbar sein, ohne dass gleich Panik ausbricht. Dennoch verkaufen viele Fondsmanager solche Aktien sinnlos in großen Mengen. Ob sich der Verkauf zum niedrigeren Preis noch lohnt, erscheint dabei wohl zweitrangig.

Fast regelmäßig erholt sich der Kurs der betreffenden Aktie bald wieder. Viele Fonds haben zum tiefsten Kurs verkauft. Wen wundert es da, dass die meisten Fonds in der Regel schlechter als vergleichbare Aktienindizes abschneiden? Statistiken beweisen Jahr für Jahr, dass nur rund 20 Prozent der Manager deutscher Aktienfonds eine bessere Rendite als der DAX erzielen können.

131.
Lassen sich bevorstehende negative Unternehmensmeldungen schon am Kursverlauf einer Aktie ablesen?

Am Mittwoch, den 28. Juni 1995, wurden Aktienanleger in Deutschland, der Schweiz und anderen europäischen Ländern durch die Meldung erschreckt, dass Daimler entgegen bisherigen Gewinnschätzungen für 1995 nicht achtzehn D-Mark pro Aktie verdienen, sondern vielmehr zehn D-Mark pro Aktie *verlieren* werde. Die Folge: ein Kurssturz um 7 Prozent! Die somit hinfällige Fehleinschätzung wirft einmal mehr die Frage auf, welchen Wert sogenannte »Fundamentalanalysen« mit ihren Gewinnschätzungen für das laufende oder gar kommende Geschäftsjahr eigentlich besitzen.

Die Dresdner Bank sah sich sogleich veranlasst, mit einem »Exklusiv-Schreiben« ihre Depotkunden zu informieren und ihnen zu raten: »Bitte wenden Sie sich an Ihren Vermögensberater, der mit Ihnen einen möglichen Handlungsbedarf für Ihr individuelles Depot gerne erörtern wird.«

Leider kam diese »Information« ein wenig spät. Wer hingegen auf den Kursverlauf der Aktie im Verhältnis zum Marktdurchschnitt (Index) geachtet hatte, wusste, dass sie sich bereits monatelang zuvor schwächer als der DAX entwickelt hatte. Wir sprechen in diesem Fall von einer *schwachen Relativen Stärke* der Aktie (→ *siehe dazu Nr. 113)*.

Ich räume ein, dass ich früher unbefangener allein nach Maßgabe der Relativen Stärke gekauft habe, in dem Bewusstsein, dass zunächst fehlende »fundamentale« Begründungen für steigende oder fallende Kurse meist noch nachgeliefert werden. Und in der Regel geht diese Strategie auch auf, besonders in der Anfangsphase einer Hausse, wenn alle Aktien noch preiswert sind.

Aber es kommt auch vor, dass starke Aktien zurückfallen, weil sich die Großanleger über die Lage des Unternehmens getäuscht hatten.

Daher wäre es insbesondere nach bereits starken Kurssteigerungen gefährlich, sich nur auf die Relative Stärke zu verlassen. Denn die stärksten Aktien sind zu diesem Zeitpunkt ja schon gut gelaufen.

Ein Anleger muss sich vor allem bei bereits gestiegenen Börsen aus Sicherheitsgründen mit der Frage befassen, ob eine Aktie nach dem jetzigen Stand der Erkenntnis wirklich ihren Preis wert ist. Abgesehen von spekulativen Werten sollte man Aktien nur dann kaufen, wenn man der Meinung ist, dass beim Kauf ein »fairer Preis« vorliegt. Das zeigen aber am einfachsten Kurs-Umsatz-Verhältnis und Kurs-Buchwert-Verhältnis (→ *siehe dazu auch Nr. 115)*.

132.
Wie wappnet sich der Kleinanleger vor hektischen Verkäufen durch Großanleger nach Gewinnwarnungen?

Überraschende, kräftige Verkäufe internationaler Standardaktien häufen sich, seit eine neue Generation von US-Fondsmanagern Aktienanlagen fast ausschließlich nach den jeweils aktuellsten Gewinnzahlen beurteilt. Es ist daher für den Privatanleger immer gefährlich, auf einzelne angeblich wachstumsstarke Titel (→ *siehe dazu Nr. 118)* zu setzen. Denn genau diese brechen am heftigsten ein, wenn die erwarteten Gewinnzuwächse ausbleiben. Wer eine breite Palette von Aktien verschiedener Länder und Branchen hält, dem können Attacken auf einzelne Titel nicht so viel schaden wie einem Anleger, der auf wenige Aktien gesetzt hat.

Da vor allem solche Titel gefährdet sind, die ein hohes Kurs-Umsatz-Verhältnis aufweisen (→ *siehe dazu Nr. 115)* oder bei denen die jüngste Unternehmensentwicklung nicht voll befriedigt (abzulesen an einer schlechten Trendentwicklung im Vergleich zu anderen Werten), darf eine Aktie, die man zum Kauf auswählt, trotz guter Zukunftschancen vom Kurs-Umsatz-Verhältnis her nicht teuer sein. Außerdem sollte sie »Relative Stärke« beweisen, das heißt im Verhältnis zu den meisten anderen Aktien ihres Landes überdurchschnittliche Kurszuwächse erzielt haben.

(→ *Siehe dazu auch Nr. 113 und 131.)*

Verzichten Sie lieber auf manche von bestimmten Börsenbriefen hochgejubelten »Wachstumsaktien«, dann sind Tagesverluste von 10 Prozent und mehr wesentlich unwahrscheinlicher.

133.

Wie können Analysten sogenannte »Kursziele« für Aktien errechnen?

Misstrauen Sie allen Prognosen, in denen so genannte »Kursziele« angegeben werden! Meiner Meinung nach begehen Wertpapierexperten stets einen Fehler, wenn sie dem Drängen der Journalisten nachgeben und solche »Kursziele« nennen. Auch die besten Börsenkenner sind bekanntlich keine Hellseher.

Analysten versuchen meist aus der bisherigen Kursbewegung seit dem letzten Tiefpunkt auf die Stärke des Aufschwungs zu schließen, oder sie suchen nach früheren Zwischenhochs oder -tiefs der Aktie, die über dem derzeitigen Kurs liegen, und benennen diese als vorläufiges Kursziel. Aber solche Berechnungen scheitern schon daran, dass die Kursentwicklung einer Aktie nicht nur von dem Unternehmensergebnis und anhand früherer Kurse bestimmt wird, sondern vom *weltweiten* Trend abhängt.

Wertpapieranalyse gleicht dem Steuern eines Flussdampfers. Man schwimmt im Trend und sieht immer nur bis zur nächsten Biegung. Aber man hat seine bewährten Messinstrumente bereit liegen und beobachtet sie. Die sagen zwar nicht, *wie weit* es zum Beispiel noch nach Norden oder Süden geht. Aber sie melden rechtzeitig, wo Untiefen und andere Gefahren drohen und wo man abbiegen, ausweichen und gegebenenfalls eine neue Richtung einschlagen muss.

Das klingt bescheiden und ist für viele Anleger unbefriedigend. Aber es ist ehrlich.

134.

Verläuft das Wechselspiel von Hausse und Baisse seit den neunziger Jahren anders als früher üblich?

Im Prinzip hat sich nichts geändert. Wie früher gibt es ruhige Phasen, etwa 1993 bis 1996 oder 2003 bis 2005 – und dann plötzlich wieder Nervosität und Hektik mit heftigem Auf und Ab. Das war aber schon immer so; denken wir an die Zeiten der Ölkrisen 1973 und 1979 oder an den Börsencrash 1987. Es wird immer wieder »kalte Duschen« für die Aktionäre geben, wie beispielsweise die Baisse im Sommer 1998 lehrte; in Europa führte sie zu Kursverlusten von 40 Prozent, in den USA waren es immerhin noch über 20 Prozent.

Gerade lange Börsenphasen mit geringen Rückschlägen sind für die weitere Entwicklung extrem gefährlich. Denn die Börse lebt nun einmal vom Wechsel von Hausse und Baisse. *Sie ist ihrem Wesen nach zyklisch.* Wer das ignorieren oder ausschalten will, wird früher oder später Schiffbruch erleiden, wie im Falle Japans 1990, als die Phantasiepreise bei Immobilien und Aktien einfach nicht mehr glaubhaft waren. Die Entwicklung der japanischen Börse von 1984 bis 1992 sowie zwei weitere Beispiele für eine durch Kursübertreibungen ausgelöste Baisse können Sie Abbildung 10 (Seite 53) entnehmen.

Ist das Vertrauen erst einmal verspielt, benötigt eine Börse beziehungsweise eine Wirtschaft viele Jahre, um es wieder zurück zu gewinnen. Das hat Japan nach seinem von 1975 bis 1990 ununterbrochenen Anstieg mit anschließendem Crash im folgenden Jahrzehnt nicht geschafft.

135.

Müssen wir uns auch künftig mit so extremen Achterbahnfahrten an den Börsen abfinden, wie sie 2001 bis 2002 und 2008 auftraten?

»Alte Börsenhasen« müssen sich an offenkundig übertriebene Kursschwankungen wie beispielsweise in den Jahren 2000 (Hausse) und 2002/2003 (Baisse) erst gewöhnen. Denn sie haben noch gelernt, dass sich keine Kursbewegung ohne Grund vollzieht. Gerade dann, so die alte Erfahrung, wenn einem ein Kursverfall völlig schleierhaft und unvernünftig erschien, wurde man sehr bald eines Besseren belehrt. Deshalb ist man heute oft völlig verunsichert, wenn aus heiterem Himmel plötzlich Kursgewitter über die eigenen Aktien niedergehen. »Die Börse hat doch immer Recht! Was habe ich da übersehen?«

Gar nichts wurde übersehen! Die Zeiten, in denen die Börsen noch von erfahrenen Fondsmanagern gelenkt wurden, die ihre Käufe und Verkäufe aufgrund von wirtschaftlichen Entwicklungen langfristig planten, sind – leider – vorbei. Die Kurse werden jetzt in den großen US-Geldhäusern von jungen »Zockern« angetrieben, die unter der Maxime »schnelle Gewinne realisieren« handeln. Sie schlagen je nach Stimmungslage in beide Richtungen heftig aus und werden ebenso schnell wieder korrigiert. Langfristig, aus großem Abstand betrachtet, folgen sie durchaus weiterhin der Entwicklung von Zinsen und Unternehmensgewinnen. Und wehe dem Kleinanleger, der in diesem Chaos die Ruhe und den Überblick verliert und sich von der Panik anstecken lässt! Er ist rettungslos verloren.

136.

Gibt es auch völlig grundlose Kursschwankungen an den Börsen, die durch nichts gerechtfertigt und nur manipuliert sind?

Natürlich hat jede Börsenbewegung ihre Ursachen. Das soll nicht in Frage gestellt werden. Nur liegen die Gründe für bestimmte Vorgänge oft auf einer anderen Ebene, als es der Anleger vermutet.

Beispielsweise verloren im September und Oktober 1998 die Vorzugsaktien von Volkswagen mit einem Rückgang von 139 D-Mark auf 60 D-Mark überdurchschnittlich viel Terrain. Der Kurs der Stammaktien hatte sich zwar in derselben Zeit mit einem Rückgang von 199 D-Mark auf 100 D-Mark ebenfalls fast halbiert. Aber die Kleinanleger waren doch verblüfft, dass sich der prozentuale Abstand zwischen Stamm- und Vorzugsaktien im Verlauf der Baisse so stark vergrößert hatte. Immer hatten sie gelesen, Vorzugsaktien seien im Kurs weniger gefährdet, da die hektischen Auslandsanleger stets die Stammaktien hielten. Sie seien auch wesentlich preisgünstiger, da auf die sehr viel niedriger notierten Vorzugsaktien mindestens die gleiche Dividende wie auf die Stammaktien entfalle. Daher hofften sie auf eine stärkere Annäherung beider Kurse.

Was war nun passiert? Bahnte sich etwa im Unternehmen eine für Vorzugsaktionäre nachteilige Entwicklung an?

Die Lösung war viel banaler. Ein großer spekulativ orientierter Investmentfonds hatte lange zuvor auf Termin Vorzugsaktien gekauft und Stammaktien verkauft, weil er ebenfalls auf eine Kursangleichung gehofft hatte. Nun war der Fonds aus ganz anderen Gründen in Finanznöte geraten und musste sein Termingeschäft binnen kurzer Zeit auflösen, also Stammaktien kaufen und Vorzugsaktien veräußern. Da aber bei den Vorzugsaktien ein sehr viel geringerer Handel stattfand, fielen diese Aktien überdurchschnittlich stark.

137.
Wie kann man anhand von Zahlenwerten erkennen, dass die Weltbörsen zu schnell gestiegen sind?

In den Jahren 1997 und 1998 waren die Aktienkurse teilweise so überreizt, dass der Aktienanteil im Depot unbedingt auf 50 Prozent und weniger zurückgefahren werden musste, um der Gefahr von scharfen Kursrückschlägen nicht schutzlos ausgeliefert zu sein.

Eine gutes Hilfsmittel, um derartige Situationen rechtzeitig erkennen zu können, sind die sogenannten 200-Tage-Durchschnittslinien der Aktienindizes. Haben sich die aktuellen Kurse in der Mehrzahl um 20 Prozent und mehr von ihren Linien entfernt, dann sind sie zu hoch und es droht ein Rückschlag.

Ein 200-Tage-Durchschnitt wird errechnet, indem man die Kurse der letzten zweihundert Börsentage zusammenzählt und anschließend durch zweihundert teilt. Vergleicht man den aktuellen Kurs mit diesem Durchschnitt, erkennt man sehr leicht, ob die aktuellen Kurse zu weit nach oben (in der Hausse) oder nach unten (in der Baisse) enteilt sind. Am besten überprüft man dies für die Indizes mehrerer Länder, nicht nur für jenen der Heimatbörse.

Eine relativ gesunde Entwicklung war beispielsweise noch Anfang Juli 1995 zu beobachten. Das Land, das sich am weitesten von seiner 200-Tage-Linie entfernt hatte, die USA, lag nur um rund 13 Prozent darüber, das Mittelfeld etwa 1 bis 3 Prozent.

Anfang Juli 1996, also ein Jahr später, waren die Kurse schon sehr hoch. Ungarn führte das Feld der Aktienindizes mit plus 37 Prozent Abstand zur 200-Tage-Linie an, das Mittelfeld tummelte sich bei 6 Prozent; nur zwei Indizes lagen überhaupt im Minus.

Aber das war noch harmlos gegenüber den Anfang Juli 1997 zu beobachtenden Abständen zu den 200-Tage-Linien, wo Werte von plus 20 Prozent schon zum Mittelfeld gehörten.

138.

Geben gleitende 200-Tage-Durchschnitte zuverlässige Hinweise auf zu hohe Kurse?

Die Vokabel »zuverlässig« ist bereits zu hoch gegriffen. Bekanntlich waren 1996 die Kurse im Vergleich zu den Index-ständen zwei Jahre später noch äußerst niedrig. Dennoch wurden Mitte 1996 durch zu hohe Abstände von den 200-Tage-Durchschnittslinien schon Warnsignale ausgelöst.

Ich schlage folgende einfache Regel vor: Befinden sich die Indizes der meisten Industrieländer im Schnitt rund 20 Prozent *über* ihren 200-Tage-Durchschnittslinien, ist das Kursniveau objektiv zu hoch und man sollte seinen Aktienanteil im Depot stark reduzieren. Diese Verkäufe sollten ohne Rücksicht darauf erfolgen, ob es schon Verkaufssignale gibt oder ob die Zinsen weltweit noch sinken und damit »freundlich« tendieren.

Liegen umgekehrt, wie im Oktober 1998, die Aktienindizes im Schnitt rund 15 bis 20 Prozent *unter* ihren 200-Tage-Durchschnitten, dann sind das grundsätzlich Kaufkurse. (→ *Siehe dazu Nr. 139.)*

139.

Kann man gleitende 200-Tage-Durchschnitte auch dazu verwenden, um das Ende einer Baisse rechtzeitig zu erkennen?

Auch hier ist ein »antizyklischer« Ansatz sehr nützlich. Dabei machen wir uns zwei Erkenntnisse zunutze:

Eine Baisse ist meist nur von kurzer Dauer. Sinken die Kurse unter ihre 200-Tage-Durchschnittslinie, dann verbleiben sie dort maximal acht Monate. Dies gilt zumindest für die Börsenbewegungen der letzten dreißig Jahre.

Eine Baisse muss schon weit fortgeschritten sein, wenn sie die meisten Länder erfasst hat. Kurse, die um 20 Prozent unter der 200-Tage-Linie liegen, kann man sofort zu Käufen nutzen. Sollten die Kursverluste bislang geringer sein, dann empfiehlt es sich, etwa ein Dutzend Aktienindizes zu verfolgen. Sobald man feststellt, dass 90 Prozent von diesen unterhalb ihres gleitenden 200-Tage-Durchschnitts notieren, sollte man am Ende dieses Quartals bereits kaufen. Denn die Weltbörsen stehen nun »tief«, und das verbleibende Risiko ist nicht mehr sehr hoch.

Quartalswenden haben sich in der Vergangenheit häufig als Auslöser einer Trendwende erwiesen. Das zeigte sich im März 2000, im März 2003 und auch im März 2008. Auch der September gilt häufig als Wendemonat. Bei steigenden Kursen im Juli/August war dann der Oktober gefährdet (zum Beispiel 1987), während sich bei schwachem Börsensommer bereits im Oktober die Wende nach oben anbahnte (1998 und 1999). Dies hing oft mit einer Änderung der Anlagestrategie der großen Investmentfonds zum neuen Quartal zusammen. Deshalb beobachtet man Jahrestiefkurse – oft auch Jahreshöchstkurse – häufig in zeitlicher Nähe zu Quartalswenden (→ *siehe dazu auch Nr. 105)*.

Wer sich bei fortgeschrittener Baisse in Aktien mit niedrigem Kurs-Umsatz-Verhältnis und Relativer Stärke engagiert, befindet sich in einem sehr viel sichereren Hafen als jene, die jetzt noch Anleihen kaufen – Papiere, in die sich zuvor alle aus Angst vor der Aktienbaisse geflüchtet haben, die aber Kursverluste erleiden, wenn sich der Kapitalstrom der Großanleger wieder dreht.

140.

Wie funktioniert die so genannte »Quartalregel«?

Die Quartalregel leistet wie die 200-Tage-Durchschnittslinie gute Dienste bei der gleichzeitigen Beobachtung mehrerer Aktienindizes.

Die Quartalregel vergleicht stets den aktuellen Kurs mit dem höchsten und tiefsten Kurs des laufenden sowie des Vorquartals. Beispielsweise achten wir am Freitag, den 11. Dezember 2009, auf sämtliche Kurse seit Juli 2009. Bei neuen Höchstkursen liegt ein Aufwärtstrend vor, bei neuen Tiefkursen ein Abwärtstrend.

Die sogenannte Quartalregel ermittelt also nicht gleitende Durchschnitte, sondern stellt einen Abwärtstrend dann fest, wenn der tiefste Wochenschlusskurs des Vorquartals unterschritten wurde. Für die Anwendung der Quartalregel benötigt man nur Bleistift und Papier. Und es genügt, die Freitags-Schlusskurse zu beobachten. Wochenverlaufskurse bleiben unberücksichtigt.

Beispiel: Der tiefste Wochenschlussstand des DAX sei im zweiten Quartal (April bis Juni) bei 7144 Punkten gewesen. Dieser Kurs werde Ende August (6994 Punkte) unterboten. Damit würde nach der Quartalregel ein Abwärtstrend festgestellt. Wer erst jetzt verkauft hätte, hätte freilich spät reagiert.

Da die Signale für Trendwenden oft erst sehr spät kommen, hat sich in einer Baisse, in der man auf das Signal zum Einstieg wartet, folgende Regel gut bewährt:

Liegen alle wichtigen fünf Industrieländer – USA, Japan, Deutschland, England und Frankreich – nach der Quartalregel im Abwärtstrend, dann muss man am Ende des Quartals, in dem das letzte der fünf Länder ein Verkaufssignal gab, bereits kaufen.

Das ist der eigentliche Nutzen dieser Regel: der Hinweis, dass man am Ende des Quartals, in dem zuerst bei allen fünf Ländern ein Abwärtstrend festgestellt wurde, schon wieder kaufen kann.

Umgekehrt, zur Bestimmung eines Verkaufssignals in der Hausse, taugt die Regel leider nicht so gut, weil sich eine Hausse meist über einen sehr viel längeren Zeitraum als eine Baisse erstreckt. Aber wenn das erste der genannten fünf Länder, die bisher alle im Aufwärtstrend lagen, ein Abwärtstrendsignal liefert, dann sind jedenfalls erste Verkäufe stark anzuraten. Den Kursstürzen der Jahre 2000 bis 2003 wäre man auf diese Weise ausgewichen.

141.

Gibt es Erfahrungsregeln, die besagen, wann in einer Baisse bisherige Tiefkurse nicht weiter unterschritten werden?

Schon in vergangenen Jahrzehnten war wie auch heute zu beobachten, dass in jeder Baisse das Ärgste nach zwei Monaten ausgestanden war.

Die schärfsten Kursstürze der letzten 40 Jahre ereigneten sich in den folgenden Zeiträumen:

- April bis Mai 1970
- Mai bis Juni 1973
- November bis Dezember 1973
- August bis September 1974
- Mai bis Juni 1979
- Mai bis Juni 1984
- Oktober bis November 1987
- August bis September 1990
- Juli bis August 1992
- Ende Oktober bis November 1997
- August bis September 1998
- Juni bis September 2001
- Mai bis September 2002
- Januar bis März 2003
- Januar bis März 2008

Nach diesen Kursstürzen musste man oft noch mit Seitwärtsbewegungen rechnen, aber nennenswerte neue Tiefs folgten nicht mehr.

Untersucht man die Abwärtsbewegungen seit Beginn der achtziger Jahre, so zeigt sich, dass diese in der Regel kürzer und »crashartiger« abliefen als noch in den sechziger und siebziger Jahren. Immer mehr Börsenteilnehmer wollen, wenn es kritisch wird, zum gleichen oder zu einem ähnlichen Zeitpunkt aussteigen. Das ist eine Folge der laufenden Börseninformationen rund um die Uhr. Die Medien berichten immer schneller und immer umfassender von allen Börsenplätzen der Welt. Die Terminbörsen liefern auch Privatanlegern die nötigen Instrumente an die Hand, um bei Gefahr rasch und mit Hebelwirkung reagieren zu können. Das macht die Kurse so empfindlich, weshalb sie sich immer stärker und hektischer bewegen.

142.
Was ist von Aktiencharts und den entsprechenden Kurvendeutungen zu halten?

Die Chartanalyse zielt darauf ab, Trends erkennbar zu machen, aus denen sich wiederum Rückschlüsse auf die kommenden Börsenbewegungen ziehen lassen. Mit Hilfe von Trendlinien, die untere oder obere Extremwerte eines Kursverlaufs miteinander verbinden, lässt sich feststellen, wann ein Trend zu kippen droht. Charts haben den Vorteil, sehr anschaulich die großen mittelfristigen Bewegungen darzustellen. Auf diese Weise wird der psychologische Einfluss des Tagesgeschehens eingeschränkt.

Auch ist ein Vergleich von Aktien- und Indexcharts sehr hilfreich. Wenn der Trend einer Aktie abwärts gerichtet ist, während etwa der DAX deutlich nach oben weist, sollte man sich von dieser Aktie unter allen Umständen sofort trennen. Ein Beispiel finden Sie in Abbildung 29 für die Aktie des Bauzulieferers Plettac, die in den Jahren 1995 und 1996 bei jedem

Abbildung 29: DAX und Plettac im Vergleich von Mai 1995 bis Dezember 1996

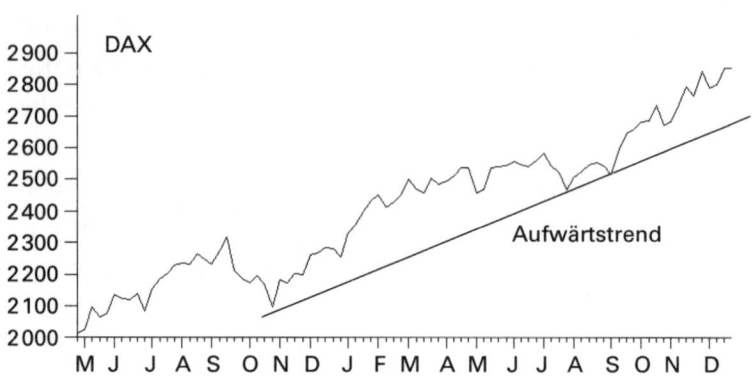

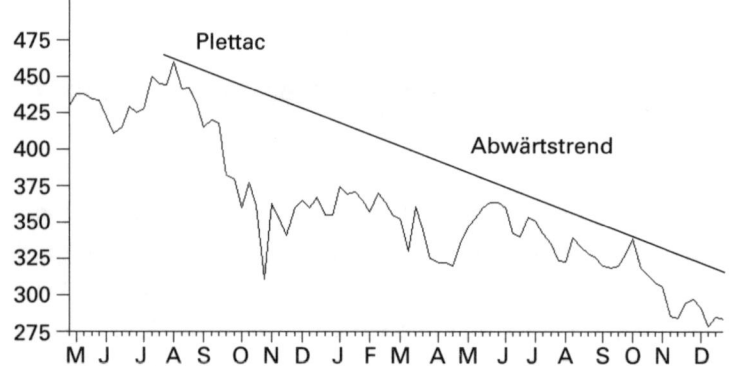

Abwärts- und Aufwärtstrend viel schlechter abschnitt als der DAX. Wie sinnlos es ist, allzu lange an einem schwachen Papier festzuhalten, wird hier recht deutlich.

(Zur Information: Inzwischen wurde Plettac insolvent und der Kurs sank gegen Null.)

Umgekehrt spricht eine Aufwärtstendenz einer Aktie bei fallendem Index für diesen Wert. Ob man allerdings kaufen sollte, wenn ein negativer Gesamttrend vorliegt, sollte gut überlegt werden.

143.
Wie wissenschaftlich und objektiv ist Chartanalyse?

So objektiv, wie viele Chartanalysten meinen, ist die Chartanalyse nicht. Je nach Interpretation können Trendlinien steiler oder flacher, kurz- oder längerfristig angelegt werden. Auch bedeutet der Bruch einer Trendlinie nicht immer eine Trendumkehr. Er besagt nur: »Dieser Trend setzt sich ab jetzt *in dieser Form* nicht weiter fort.« Statt einer Wende kann der Bruch einer Trendlinie auch nur eine Verlangsamung der bisherigen Bewegung einleiten.

Dies zeigt Abbildung 30 recht deutlich. Nach dem Bruch der ersten Trendlinie setzte sich der Kursanstieg nämlich fort; Ende Juni 1997 erreichte L'Oreal Kurse um 2 500 Francs. Im Spätsommer schloss sich die Aktie aber dann der allgemeinen Schwächeperiode der Börse an, die von August bis Oktober 1997 dauerte.

Chartanalytiker erklären nach Abschluss einer Bewegung das Geschehen stets wunderbar, sind aber meist unsicher,

Abbildung 30: Unterschiedliche Chartinterpretationen am Beispiel von L'Oréal (Frankreich). Kurse in französischen Francs.

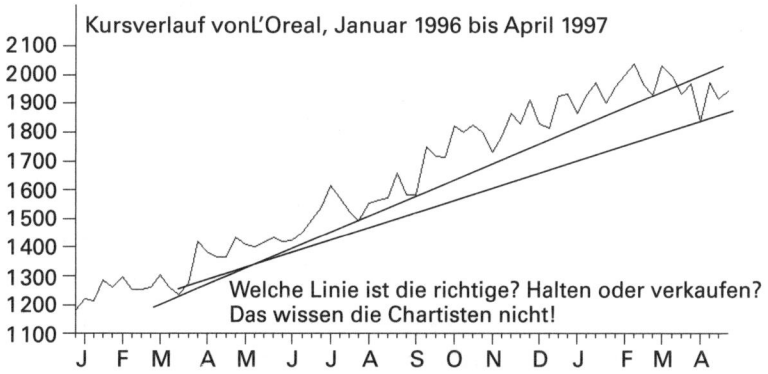

Kursverlauf von L'Oreal, Januar 1996 bis April 1997

Welche Linie ist die richtige? Halten oder verkaufen?
Das wissen die Chartisten nicht!

wenn es um die Vorhersage *künftiger* Trends geht. Sie sind ja keine Hellseher. In einer aktuellen Situation sind sehr häufig mehrere Chartdeutungen möglich. So entstehen Formulierungen wie »Es könnte mit 60 Prozent Wahrscheinlichkeit...Wenn diese Linie signifikant durchbrochen wird, könnte es aber so kommen...«

Es macht großen Spaß, den Chartisten dabei zuzuhören, wenn sie mit diesen Worten Trends erläutern wollen.

Die Vorstellung, anhand eines Einzelcharts Trends für eine Aktie oder einen Index bestimmen zu können, halte ich ohnehin für problematisch. Stets beeinflussen Zinsentwicklung, Dollarkurs und *weltweite* Trends den Kurs jeder Aktie mit.

144.
Inwieweit kommt es bei Börsenbewegungen auf die Börsenumsätze an?

Man sollte meiner Meinung nach die Bedeutung der Umsätze nicht überschätzen. Freilich ist ihre Kenntnis zur Erklärung bestimmter Bewegungen ganz hilfreich. So gelten niedrige Umsätze bei Aktienkäufen in einer Erholungsphase nach Kursrückgängen als Warnzeichen. Die klassischen Charttechniker haben es in ihren Standardwerken immer als gefährlich beschrieben, wenn eine Aktie oder ein Index nach einer ersten Spitze und einem Rückschlag die Höchstkurse noch einmal bei zu niedrigen Umsätzen testete. Nach der Charttheorie ist das immer ein Grund, vorsichtshalber erst einmal auszusteigen.

Auch neue Höchstkurse bei schwachen Umsätzen gelten in der Regel als Gefahrensignal, insbesondere dann, wenn sich die nächste Abwärtskorrektur bei steigenden Umsätzen vollzieht. Man sagt sich dann, es hätten nur noch Kleinanleger gekauft, während große Kapitalgesellschaften bereits verkaufen wollten.

Aber ich habe oft genug auch Börsensituationen erlebt, in der eine Hausse mit schwachen Umsätzen begann und sich dennoch stabilisierte. Auch neue Höchstkurse sind nicht stets von starken Umsätzen begleitet, ohne dass es deshalb zu einer Trendwende nach unten gekommen wäre.

145.
Gibt es bezüglich der Bedeutung der Börsen-Umsatzentwicklung unterschiedliche Expertenmeinungen?

Das kann ich bestätigen. Ein Beispiel: In der Charttechnik sieht man es als gutes Zeichen an, wenn bei Aufwärtsbewegungen die Umsätze deutlich steigen, aber in der Baisse neue Tiefkurse nur noch bei geringen Umsätzen erzielt werden.

Ob dies immer zutrifft, ist durchaus umstritten. Andere Analysten sind nämlich der Meinung, dass hohe Umsätze bei Höchstkursen auch ein Zeichen dafür sein können, dass Großanleger bereits in die steigenden Kurse hinein verkaufen, während die breite, unwissende Masse jetzt erst einsteigt. Dann sei die kommende Abwärtskorrektur nur noch eine Frage der Zeit.

Andererseits seien hohe Umsätze bei Tiefkursen Anzeichen eines sogenannten »Sell out«, einer letzten Panik, in der nun auch noch die letzten Standhaften der Mut verlassen habe. Sie verkauften nun um jeden Preis – oder müssten gar verkaufen, weil sie sonst in finanzielle Schwierigkeiten gerieten. Anschließend könne es dann aufwärts gehen.

Sie sehen: Die Interpretation von Aktienumsätzen ist schwierig. Denn jedem Käufer an der Börse steht in jeder Situation auch ein Verkäufer gegenüber. Wer der »Starke« und wer der »Schwache« ist, kann zunächst nicht ohne weiteres ermittelt werden.

146.

Wie funktioniert die so genannte Analysemethode der »Elliott-Wellen«?

Dieses stark in Mode gekommene Verfahren wurde nach Ralph N. Elliott benannt, der die Entwicklung der Aktienkurse in den USA seit 1789 beobachtete und 1939 in einer Artikelserie seine Ergebnisse vorstellte.

Elliotts Hauptthese lautet: Eine Aufwärtsbewegung an der Börse entwickelt sich in fünf Wellen; sie besteht aus drei kräftigen Aufwärtsbewegungen, die von zwei korrigierenden Abwärtsbewegungen unterbrochen werden.

Der russische Wirtschaftswissenschaftler Nicolai Kondratieff kam zu ähnlichen Ergebnissen. Er entdeckte im Jahre 1920 die sogenannten »langen Wellen« in der Wirtschaftsgeschichte. Diese beschreiben ein Zusammenspiel von Wirtschaftsentwicklung, Preisbewegung, technischen Neuerungen und Kriegen. Sogenannte Prosperitätswellen mit hohem Wirtschaftswachstum und neuen Techniken endeten in einer »Primären Rezession«, die wiederum von einer »Plateauphase« mit geringerem Wirtschaftswachstum, aber kräftig steigenden Börsenkursen abgelöst werde.

Bekannt wurden diese Wellentheorien einer breiteren Öffentlichkeit jedoch erst durch die Arbeiten des Elliott-Schülers

Robert R. Prechter. Er hatte 1982 einen Kursanstieg des Dow Jones-Index von 777 auf 3 686 Punkte in fünf Jahren vorhergesagt, was damals als völlig absurd erschien. Als die Einlösung seiner Prophezeiung unerwartet weit vorangeschritten war (der Dow Jones-Index stieg bis vor dem Crash im Oktober 1987 auf etwa 2700 Punkte), war er der angesehenste Börsenguru in den USA. Noch rechtzeitig warnte er Ende September 1987 davor, dass der Dow Jones-Index möglicherweise doch die Marke von 3000 Punkten nicht erreichen werde.

Weniger erfolgreich war er mit seinen Crash-Prognosen nach 1987. Er sagte einen Verfall des Dow Jones-Index auf 400 Punkte voraus, da fünf große Wellen nun ausgelaufen seien und die größte Abwärtsbewegung in der Geschichte der US-Börse bevorstehe.

Dies war ein schwerer Irrtum. Aber der Beliebtheit der Elliott-Wellen-Theorie tat dies keinen Abbruch.

147.

Was spricht für die »Elliott-Wellen-Theorie«?

Die Beobachtung, dass sich die Börsenkurse in Wellen bewegen, ist zweifellos richtig. Die Stimmung am Markt wechselt beständig von der Angst zur Euphorie und wieder zurück zur Angst.

Liegt der Markt am Boden, überwiegt die Angst. Dann beginnt eine »Erkennungsphase«, in der die Marktteilnehmer einsehen, dass ihre Furcht und Zurückhaltung falsch war. Diese Stimmung schlägt in Euphorie um, sobald sich alle sicher sind, dass es keine Grenzen mehr nach oben gibt. Dann aber folgt die abrupte Wende, und die Börsen brechen zusammen.

Mit Erfolg wandte der deutsche Analyst Walter Ströer im Jahre 1989 die Elliott-Wellen-Theorie auf Japan an. Er prophezeite einen Kurssturz, der sich in den Jahren 1990 bis 1992 auch tatsächlich vollzog. Im *Handelsblatt* war am 14. April 1989 Folgendes zu lesen: »Besonders für Japan ist nach Elliott mit einem Zusammenbruch zu rechnen, der den Nikkei-Index um mindestens 38 Prozent zurückwerfen müsste. Nach einer etwas aggressiveren Schätzung können es auch 61 Prozent sein. Ströer wartet noch auf die letzte Aufschwungsphase... Er sieht die Gefahr darin, dass die eitle Selbstzufriedenheit der Japaner als Wirtschaftswunderkinder der Welt weggewischt werden wird.«

Alle Achtung! Diese Prognose war nicht schlecht. Der japanische Nikkei-Index erreichte zum Jahresende 1989 fast 40 000 Punkte und fiel dann binnen drei Jahren auf knapp 14 000 Punkte zurück (siehe Abbildung 10, Seite 53). Von diesem Schlag hat er sich dann bis zum Ende der neunziger Jahre nicht mehr dauerhaft erholen können.

148.

Sollte man die Elliott-Wellen zu den besonders empfehlenswerten Methoden der Trendanalyse rechnen?

Ich meine: nein. Um die Qualität von Analysemethoden beurteilen zu können, lohnt sich stets ein Blick in die Vergangenheit: Wie lauteten die Prognosen nach dieser Analysemethode? Sind sie eingetroffen, oder waren sie Flops? Es lohnt sich schon, Zeitungen manchmal etwas länger aufzubewahren als nur einige Wochen, weil man auf diese Weise viel deutlicher erkennen kann, welcher Unsinn sehr oft im Brustton der

Überzeugung prognostiziert wird (und wie man dabei auf die Vergesslichkeit des Lesers hofft).

Man muss den Wellen-Analysten immerhin bescheinigen, dass sie so mutig sind, klare und damit nachprüfbare Prognosen abzugeben. Damit unterscheiden sie sich wohltuend von manchen Bankanalysten, die sich häufig mit wohlgesetzten Worten und vielen Wenn und Aber vor klaren Aussagen drücken.

Aber dafür, dass auch die Elliott-Wellen-Theorie nicht das Ei des Kolumbus darstellt, hat Walter Ströer trotz seiner zutreffenden Prognose des Kurssturzes in Japan in den neunziger Jahren etliche Beispiele geliefert. In derselben Ausgabe des *Handelsblatts* vom 14. April 1989, in der seine korrekte Japan-Prognose veröffentlicht wurde, war auch zu lesen, dass er »auf Sicht von zwei bis drei Jahren« einen DAX-Rückschlag von 50 Prozent erwarte. Dazu kam es jedoch nie; der DAX, damals bei 1 384 Punkten, stieg in den nächsten zwölf Monaten auf einen Höchststand von 1968 Punkten und kam danach lediglich bis zu einem Punktestand von 1440 zurück, ehe er in den darauffolgenden Jahren endgültig die Marke von 2 000 Punkten überschritt.

149.

Woran liegt es, dass die Anhänger der Wellen-Theorien so großartige Erfolge verzeichnen und dann wieder völlige Fehlprognosen liefern?

Die Börsenkurse bewegen sich in Wellen. Aber diese sind nicht berechenbar. Kein Börsenzyklus gleicht dem anderen, weder in seinem zeitlichen Ausmaß noch in der Stärke der

Kursbewegungen. Aus dem Verlauf der zwanziger Jahre zu schließen, die Aktienkurse müssten sich heute in denselben Rhythmen wie damals hochschaukeln und anschließend wie im Jahre 1929 zusammenbrechen, ist eine willkürliche Annahme. Weder Goldstandard noch Wirtschaftstheorien noch Anlegerverhalten sind heute mit der damaligen Zeit vergleichbar.

Ebenso willkürlich ist die Annahme der fünf Wellen, in denen sich jeder Zyklus vollziehen müsse, drei Aufwärts- und zwei dazwischenliegende Abwärtsbewegungen. Es sind tatsächlich manchmal mehr, manchmal weniger Wellen. Damit die Theorie der Elliott-Wellen-Anhänger jeweils stimmig ist, wird manche Bewegung je nach Bedarf im Nachhinein hinzugezählt oder weggelassen.

Aber der unbefangene Beobachter muss immer wieder feststellen: Eine Gesetzmäßigkeit ist weder bei der Anzahl der Wellen noch hinsichtlich ihrer Stärke, noch in ihrem zeitlichen Ablauf zu sehen.

Ganz schlecht funktioniert die Elliott-Wellen-Analyse offenbar bei Bewegungen am Devisenmarkt. Im März 1991 lag der US-Dollar bei rund 1,60 D-Mark. Walter Ströer prognostizierte in der Ausgabe Nr. 13/1991 von *Börse Online* einen Dollaranstieg auf 2,05 D-Mark innerhalb der nächsten anderthalb Jahre. Doch sei dies nur der Anfang. Im Laufe der weiteren Jahre werde der US-Dollar sogar bis drei D-Mark steigen. Und dies sei eine eher »konservative Prognose«.

Hier lag Walter Ströer völlig schief. Ein höheres Niveau als 1,80 bis 1,90 D-Mark erreichte der Dollar bis 1998 nie; in den Jahren 1992 und 1995 fiel er sogar unter die Marke von 1,40 D-Mark. Erst nach der Euro-Einführung kam es aus politischen Gründen noch einmal zu einer Dollar-Hausse bis zum Jahr 2000 auf rund 1,20 Euro (Euro =0,83 US-Dollar), aber dann fiel der US-Dollar bis 2008 auf seine Tiefstände der Jahre 1992 und 1995 zurück.

150.

Wie viele Analysemethoden sollte ein Anleger anwenden, um Schieflagen an den Börsen zu vermeiden?

Im Grunde ist es doch ganz einfach, an der Börse nicht schief zu liegen:

a) Folgen Sie einem klaren Konzept, nicht den täglich wechselnden Meldungen und Meinungen.

b) Vertrauen Sie dem bestehenden Trend, der oft länger anhält, als die meisten Anleger vermuten.

c) Räumen Sie den *Zinssignalen* allerhöchste Priorität ein. Vertrauen Sie ganz einfach darauf, dass vor einer längeren weltweiten Hausse die Anleihezinsen gesunken sein sollten. Vor einer Baisse sind sie in der Regel gestiegen.

d) Wenn die Aktienkurse um 10 bis 20 Prozent gefallen sind und die Zinsen sinken, dann kaufen Sie.

e) Wenn die Aktienkurse um mehr als 50 Prozent gestiegen sind, beginnen Sie mit Teilverkäufen.

f) Wenn die Zinsen und Rohstoffpreise gestiegen sind, die Stimmungslage an den Aktienmärkten aber noch sehr positiv ist, verkaufen Sie alles.

Um dies zu erkennen, benötigen Sie keine weiteren Indikatoren.

Übersicht über die behandelten Fragen

I. Vermögensanlage: Grundbegriffe und Strategien

II. Börsenpsychologie: Gefühle und Stimmungen

III. Mikrokosmos Börse: Einflussgrößen, Indikatoren und Signale

IV. Am Puls der Börse: Der richtige Zeitpunkt zum Handeln

V. Standard-, Wachstums- oder Nischenwerte: Die Qual der Wahl

VI. Wissenschaft oder Kunst: Welche Analyseformen und -methoden sind Erfolg versprechend?

Ausgewählte Literatur

Busch, Friedhelm, *Greife nie in ein fallendes Messer. Börsenweisheiten beim Wort genommen vom n-tv-Kommentator*, 7. Auflage, Frankfurt/New York 2008.

Buskamp, Franz-Josef, *Mentale Börsenkompetenz. Investieren mit Fingerspitzengefühl*, München 2004.

Fisher, Ken, *Das zählt an der Börse. Investieren mit Wissen, das die anderen nicht haben*, München 2007.

Kommer, Gerd, *Souverän investieren mit Indexfonds, Indexzertifikaten und ETFs. Wie Privatanleger das Spiel gegen die Finanzbranche gewinnen*, 2. Auflage, Frankfurt/New York 2007.

Lang, Uwe, *Der neue Aktienberater. Kritische Empfehlungen für Anfänger und Fortgeschrittene*, Frankfurt/New York 2003.

Lang, Uwe, *Die gefährlichsten Börsenfallen – und wie man sie umgeht*, 2. Auflage, Frankfurt/New York 2007.

Leyendecker, Hans, *Die große Gier. Korruption, Kartelle, Lustreisen: Warum unsere Wirtschaft eine neue Moral braucht*, 3. Auflage, Berlin 2007.

O'Shaughnessy, James P., *Die besten Anlagestrategien aller Zeiten. Welche Investment-Methoden wirklich funktionieren!* 3. Auflage, Rosenheim 2007.

Schwanfelder, Werner, *Börsenwissen für erfolgreiche Invest-*

ments. *Analyse, Strategie, Timing,* Frankfurt/New York 2008.

Schwanfelder, Werner, *Ohne Aktien geht es nicht! Schritt für Schritt zum Anlage-Erfolg,* 6. Auflage, Frankfurt/New York 2007.

Sharpe, William, *Portfolios, Märkte und Investoren: Der neue revolutionäre Asset-Pricing-Ansatz nach William F. Sharpe, dem Erfinder der Sharpe Ratio,* München 2008.

Siegel, Jeremy, *Langfristig investieren. Warum langfristige Aktienstrategien funktionieren,* München 2006.

Soros, George, *Das Ende der Finanzmärkte – und deren Zukunft. Die heutige Finanzkrise und was sie bedeutet,* München 2008.

Weber, Martin, *Genial einfach investieren. Mehr müssen Sie nicht wissen – das aber unbedingt!* Frankfurt/New York 2007.

Register